SIÈGE

DU

Fort Saint-Martin

ET

FUITE DES ANGLAIS DE L'ILE DE RÉ

RELATION HISTORIQUE

Publiée en latin au XVIIe siècle par Jacques ISNARD

Traduction française de 1879

PAR

LE Dr ATGIER

Officier d'Académie

Chevalier de la Légion d'honneur

DEUXIÈME ÉDITION REVUE ET CORRIGÉE

PREMIER FASCICULE

ANGERS

GERMAIN ET G. GRASSIN, IMPRIMEURS-LIBRAIRES

40, rue du Cornet et rue Saint-Laud

1902

SIÈGE

DU

FORT SAINT-MARTIN

ET

Fuite des Anglais de l'île de Ré

PUBLICATIONS DU MÊME AUTEUR
SUR L'ILE DE RÉ

Notice sur les chartes seigneuriales de l'île de Ré. — Imprimerie nationale. — Br. in-8°, 1895.

Les sires de Mauléon, seigneurs de l'île de Ré (1137-1268. — Br. grand in-8°, 1898 [1].

Les vicomtes de Thouars, seigneurs de l'île de Ré (1268-1555). — Br. grand in-8°, 1897 [1].

La Rhéade ou l'île de Ré délivrée, traduction d'un poème latin du XVIIᵉ siècle. — Br, in-8°, 1899, illustrée [2].

Siège du fort Saint-Martin et fuite des Anglais de l'île de Ré traduction d'une relation historique latine du XVIIᵉ siècle. — Br. in-8°, 1902, illustrée [1].

L'abbaye de l'île de Ré, son cartulaire et ses archives, transcription de textes inédits et originaux du moyen âge. — Br. in-8° 1902, illustrée [2].

[1] Librairie Eclercy, Saint-Martin-de-Ré.
[2] Librairie Berton, Saint-Martin-de-Ré.

SIÈGE

DU

Fort Saint-Martin

ET

FUITE DES ANGLAIS DE L'ILE DE RÉ

RELATION HISTORIQUE

Publiée en latin au XVIIe siècle par Jacques ISNARD

Traduction française de 1879

PAR

LE DR ATGIER

Officier d'Académie

Chevalier de la Légion d'honneur

DEUXIÈME ÉDITION REVUE ET CORRIGÉE

ANGERS

GERMAIN & G. GRASSIN, IMPRIMEURS-LIBRAIRES

40, rue du Cornet et rue Saint-Laud

1902

PRÉFACE DU TRADUCTEUR

————

Après la fiction, nous devions la réalité sur le siège de l'île de Ré. Après avoir publié sur ce sujet la traduction du poème épique latin[1] où Jean de Bussières, inspiré de ses devanciers Homère, Virgile, Le Tasse etc., chante les héros de ce siège, leur défense et leur victoire[2], nous devions, pour donner plus de précision à cet épisode, publier la traduction d'un autre ouvrage latin où ce siège est raconté, jour par jour, dans tous ses détails, non plus avec les accents du poète mais avec le style de l'historien d'où la fiction est absolument exclue et où règne seule la réalité des faits historiques[3].

· Son auteur, Jacques Isnard, originaire de Provence, fut avocat du Sénat de Paris et historiographe de Louis XIII. Il n'a laissé aucune trace en Provence, selon l'enquête qui

[1] *La Rhéade ou l'île de Rhé délivrée*, poème épique en trois chants, écrit en latin au xviie siècle par le P. Jean de Bussières, traduit en français en 1884 par le Dr Atgier. Angers, Germain et G. Grassin, 1898, br. in-8°.

[2] *De Rhea liberata, in « Joannis de Bussières e societate Jesu, miscellanea poetica »*. Lugduni ex officina Anissoniana 1665 (in-8°, rare).

[3] *Arcis Sammartinianæ obsidio et fuga anglorum a Reâ insulâ, a Jacobo Isnard ex provinciâ Provinciæ*, Sen. Par. adv. Parisiis 1629. Apud Edmundum Martin, sub sole aureo, via Jacobea (petit in-4° rare, illustré par Michel Lasne, auteur du frontispice allégorique et par Montcornet, auteur de trois gravures représentant le blocus du fort Saint-Martin, la levée du siège et la bataille de Loix).

nous a été obligeamment transmise par M. Barré, directeur de la bibliothèque de Marseille ; il ne figure même pas dans les biographies de Bougerel et d'Achard. Le fonds des manuscrits, le fonds des imprimés de ladite bibliothèque ne possèdent pas le moindre ouvrage de cet auteur.

Il a pourtant publié, dès 1625, sur le départ d'Henriette de France en Angleterre, un poème latin dont il n'existe un exemplaire qu'au British Museum à Londres[1].

Il a publié également un beau recueil de poésies latines dédiées à Richelieu, presque toutes relatives à l'île de Ré et à La Rochelle[2].

Après la reddition de La Rochelle, il a publié un autre recueil de poésies latines dédiées au Roi, dont il était l'historiographe[3].

Enfin, à la mort de Louis XIII, il a publié une élégie en vers latins dans laquelle il prête à la muse de l'histoire les accents les plus pathétiques sur le tombeau de ce monarque[4].

La relation latine du siège du fort Saint-Martin écrite au jour le jour, en 1627, fut terminée en novembre en même temps que le siège. L'année suivante (1628) une traduction française, très défectueuse par l'obscurité de son style, fut publiée par un auteur anonyme, sous les ordres sans doute du garde des Sceaux, Michel de Marillac, puisque, bien que tous ses exemplaires fussent restés anonymes, elle fut et est toujours attribuée à Marillac.

---

[1] *Transitus Henricæ Borboniæ in Angliam.* Carmen, Parisiis 1625, in-4°.

[2] *Felicissima illustrissimi atque optimi ominis, nominis Armandi Joannis Plesseii, cardinalis de Richelieu, etc.* Jacobo Isnard ex Prov., Prov. Sen. Par. adv. (gr. in-f° 20 p. illustré d'un beau portrait de Richelieu), 1629.

[3] *Ludovico XIII Rupellæ domitori gratiarum actio, Galliæ charitales, cronogrammata Rupellanæ diræ, antidiræ.* Authore Jac. Isnard. Ex offi. typ. E. Martin Parisiis, 1629 (pièce in-4°).

[4] *Clio Gallica seu Ludovici XIII tumulus.* Jac. Isnardi. j. v. d. Sen. Par. adv. et reg. hist. Parisiis. Apud Edmundum Martinum viâ jacobeâ, sub sole aureo (pièce in-4° de 21 pages), 1643.

L'année suivante parut la relation latine d'Isnard, le seul de ses ouvrages connus qui fût en prose. Cette édition, était ornée d'un beau frontispice historique, d'eaux-fortes, représentant siège et batailles de l'île de Ré, d'une dédicace à Richelieu dont le style emphatique était alors celui de la Cour, de notice sur l'île de Ré, de son histoire antérieure au siège, de sa géographie, de poésies latines dédiées au Roi ou à son Ministre, les unes composées par lui et extraites de *Félicissima illustri*, etc., les autres composées par les deux de Marillac, etc.

Ces décorations littéraires et artistiques de sa relation du siège furent sans doute cause du retard de la publication de l'ouvrage, retard qui permit à l'auteur anonyme de faire paraître sa traduction française avant le texte latin d'Isnard; aussi voyons-nous cette traduction dépourvue de toutes les décorations et adjonctions susdites.

Ce qui tend à prouver que le texte français de l'auteur anonyme fut une traduction, c'est que celui-ci ne mit point son nom à un travail considéré cependant comme un document officiel, tandis qu'Isnard, lui, mit non seulement son nom à sa relation latine mais aussi son origine provençale et sa profession d'avocat du sénat de Paris.

Ce qui a pu faire croire le contraire, c'est la publication de la traduction française (1628) avant celle du texte original latin (1629).

Si Isnard n'avait été que le traducteur de la relation attribuée à Marillac, il n'aurait pas été pris à partie nominativement d'un bout à l'autre dans la relation latine de l'auteur anglais Cherbury, qui, dans son récit de l'expédition de l'armée anglaise à l'île de Ré, le critique à chaque chapitre et l'accuse d'ignorance et de mensonge tant l'esprit de parti l'aveuglait sur sa défaite.

La fureur du colonel anglais se serait assouvie sur l'anonyme ou sur Marillac lui-même et non sur Isnard, si celui-ci n'eût été qu'un simple traducteur.

La relation de Cherbury est un véritable pamphlet de la relation d'Isnard et une apologie fastueuse de l'équipée de Buckingham, pourtant si tragique.

L'anonyme a traduit d'Isnard tout ce qui constituait uniquement un fait historique sur l'histoire de France, tandis que celui-ci a voulu entourer ce fait historique d'une auréole glorieuse et intéressante pour l'île de Ré qui en fut le théâtre. Quand Arcère cite l'ouvrage de l'anonyme il l'intitule : « Relation de la descente, etc. » ; quand il cite l'ouvrage d'Isnard il l'intitule « Isnard », montrant ainsi qu'il lui en attribue la paternité.

Enfin, à qui connaît les longueurs de temps nécessaires aux aqua-fortistes, encore aujourd'hui, pour la retouche et la publication de gravures, il ne sera pas difficile de comprendre que les illustrations de la relation d'Isnard aient retardé sa publication.

Plus encore que l'auteur de *La Rhéade*, Jacques Isnard est resté ignoré, puisque son nom lui-même ne figure pas dans nos principaux recueils biographiques.

Cette absence est due à ce que ses œuvres poétiques ou historiques ont été composées en langue latine, langue en honneur du temps de Richelieu mais supplantée définitivement par la langue française épurée sous le règne de Louis XIV.

Nous laissons à d'autres la critique littéraire des œuvres latines d'Isnard, nous limitant actuellement dans le rôle de traducteur ; Louis XIII, Henriette de France, Richelieu furent les héros de ses chants ; les sièges de l'île de Ré et de la Rochelle furent l'objet de ses écrits patriotiques.

Selon l'usage de l'époque, Isnard n'a pas divisé sa relation du siège de Ré en chapitres. Cette coutume n'étant ni pratique ni en rapport avec celle d'aujourd'hui, nous avons cru nécessaire, pour que la lecture en fût moins aride et le sujet mieux distribué, de diviser cette relation en dix-huit chapitres, dont les deux premiers et les trois derniers ne se trouvent pas dans l'auteur anonyme.

Ces cinq chapitres donnent plus d'intérêt au récit, permettant au lecteur de s'initier davantage au pays dont il va lire un des épisodes qui fut aussi un des plus importants et des plus glorieux de l'histoire de France, puisque l'échec subi par l'armée anglaise à l'île de Ré fut un obstacle à son invasion projetée en France.

Parmi tous les auteurs de relations ou mémoires sur le siège de l'île de Ré, Isnard nous a paru un des plus sérieux. La confiance que lui montrèrent Louis XIII, en l'autorisant à publier cet ouvrage (lettre patente donnée par le roi à l'éditeur Edme Martin, datée de Valence le 20 mai 1629), Richelieu, en acceptant sa dédicace, le garde des sceaux en le faisant traduire de suite et publier en français, cette triple confiance, dis-je, nous permet de le considérer comme un écrivain digne de foi et son récit comme un document officiel du temps.

Telle est la narration du siège du fort Saint-Martin dont nous offrons aujourd'hui la traduction fidèle [1] à l'île de Ré, espérant qu'elle sera aussi bien accueillie que l'a été notre traduction de « La Rhéade », publiée récemment et pensant que tout cœur français vibrera à l'unisson du nôtre en lisant ces souvenirs glorieux dont notre pays fut le théâtre. Quand nous aurons publié également la traduction du récit officiel anglais [2] de cette expédition, le lecteur saura se faire une juste opinion des faits historiques qui se passèrent à l'île de Ré pendant l'année 1627 et ne sera pas sans recueillir dans ces faits du passé, joints à ceux

---

[1] Accompagnée de notes hors texte, de dates intercalées et de titres de chapitres.

[2] *Expeditio in Ream insulam authore Edouardo domino Herbert Barone de Cherbury in Angliâ et Castri insulæ de Kerry in Hiberniâ et Pare utriusque regni.* Lundini 1630, format in-8°, rare. (Herbert de Cherbury, cousin de Buckingham, était lieutenant-colonel dans l'armée anglaise au siège de l'Ile de Ré.)

des manœuvres navales de 1901, plus d'un enseignement utile au besoin pour l'avenir si ce même seuil de la France venait encore à être envahi.

Nota. — Pour éviter toute confusion, l'expression de *Fort Saint-Martin* employée d'ailleurs par la plupart des auteurs du temps, a été conservée ici pour désigner la forteresse élevée par Toiras à Saint-Martin-de-Ré en 1627 et rasée l'année suivante par ordre du roi après les sièges de Ré et de la Rochelle, tandis que l'expression de *Citadelle de Saint-Martin* sera réservée pour désigner ailleurs la forteresse élevée par Vauban sous Louis XIV, sur le même emplacement que la précédente mais contemporaine des fortifications qui entourent actuellement toute la ville.

Les principaux épisodes du siège de l'île de Ré ont été reproduits par les peintres et graveurs les plus célèbres du xviie siècle.

Le Musée de peintures de Versailles possède une toile immense de Callot reproduisant le siège de l'île de Ré avec toutes ses péripéties.

Le Musée des estampes de Paris possède du même auteur une grande calcographie sur le même sujet, entourée de panneaux artistiquement historiés.

La descente des armées anglaise et française à l'île de Ré, la bataille de Sablanceau, le combat de la Prée, le blocus et les assauts du fort Saint-Martin, les secours envoyés par mer, la bataille de Loix, etc., ont été reproduits en gravures, avec tous leurs détails et personnages, ainsi que la bataille d'Ars et les batailles navales qui les ont précédé dans la fosse de Loix et la rade de Saint-Martin.

Callot, Michel Lasne, Darret, Montcornet et autres graveurs célèbres du xviie siècle ont fait aussi les portraits des principaux personnages de ces guerres.

Toutes ces gravures du temps constituent actuellement dans nos cartons, grâce aux épreuves retrouvées, une intéressante collection de souvenirs de cette époque troublée, mais glorieuse, de notre histoire.

TABLE DES CHAPITRES

CHAPITRE PREMIER

Dédicace

A

Son Éminence

le Cardinal de Richelieu

Très Illustre Cardinal,

Si la Renommée vous proclamait comme vous êtes digne de l'être, si l'esprit humain pouvait réellement connaître vos mérites, plus d'un écrivain, frappé d'étonnement et d'admiration profonde, préférerait se taire que d'entreprendre votre éloge et trouverait le silence plus digne que la parole de rendre hommage à votre gloire immense.

Le mérite médiocre est facile à exalter, à amplifier même; le mérite éminent et immense risque d'être amoindri lorsque l'on veut en faire l'éloge.

Tout le monde sait aujourd'hui que vous êtes parvenu à un degré d'élévation tel qu'il est impossible de vous suivre et atteindre, eût-on l'œil ou l'aile de l'aigle; aussi suis-je loin de m'étonner que les écrivains qui célèbrent votre valeur ou perpétuent le souvenir de vos exploits soient bien moins nombreux que ceux qui en sont simplement stupéfaits et émerveillés.

Comment, à la pâle lueur d'un discours, proclamer la splendeur du soleil, quand nos yeux ne peuvent, sans larmes, contempler son brillant éclat?

Comment, par des couleurs artificielles, surpasser l'éclat de la pourpre ?

Croyez-vous que la crainte et la stupéfaction arrêtent ces écrivains à peine connus de vous, qui s'imaginent avoir mérité une palme éclatante parce qu'ils ont effleuré de leur auguste plume le moindre de vos mérites qu'ils sont à peine capables de reconnaître ou apprécier.

La France sait ce qu'elle vous doit, mais ne sait comment vous le rendre ; elle a contracté une dette de bienfaits envers vous mais elle n'a pas de quoi s'en acquitter, car elle ne saurait considérer les œuvres de votre génie comme celles que la patrie est en droit d'exiger.

C'est à qui, parmi les orateurs, fera votre éloge, à qui chantera ces louanges que l'insigne honneur de la pourpre qui vous est décernée décore du nom de louanges pourprées.

La Sorbonne, dans toutes ses bouches, publiera les œuvres sublimes de votre munificence ; ses colonnes de marbre elles-mêmes parleront de leur auteur ; les chaires de ses docteurs ne vont cesser de retentir.

Puisse ce rempart de la divine science élever vers les cieux son dôme à jamais illustre par le nom du roi et le vôtre.

La majesté royale, que vous vénérez tant et vers laquelle tous vos regards sont dirigés, est elle-même trop élevée pour ne pas vous élever davantage.

Votre élévation, d'autre part, est telle que vous mettez au-dessus de tout le désir de plaire à Sa Majesté en lui prodiguant votre talent et vos sages conseils.

La Renommée est fière du Roi en apprenant et en voyant tant d'exploits ; elle n'a plus assez d'ailes, d'yeux, d'oreilles et de langues pour être à la hauteur de son rôle.

Le Roi est fier de vous ; ses efforts sont mesurés aux vôtres ; ses actions sont basées sur vos préparatifs considérables et sur le poids de vos conseils qu'il sait apprécier avec vive reconnaissance ; il veut que les honneurs qui vous sont rendus soient à la hauteur de vos bienfaits et ne veut être vaincu ni par le talent ni par les armes.

La Renommée proclame dans tout l'univers les victoires du roi Louis le Juste qui, vainqueur lui-même, vous proclame le ministre de ses victoires, désireux de voir participer à sa gloire celui qui, confident de ses desseins, eut aussi sa part de dangers.

Le Roi vous décerne d'une main victorieuse les palmes que votre sage prévoyance fit fleurir, palmes dont il est heureux de vous couvrir, prévoyance qu'il fut heureux de trouver dans votre génie.

Quant à nous, pauvres mortels, qu'avons-nous vu ou entendu dire, si ce n'est que la sagesse du Roi, pour prévoir les factions des grands du royaume, égala la puissance et la générosité qu'il mit à les dissoudre ; qu'il sut aussi bien éteindre au dedans que dissiper au dehors l'incendie des guerres naissantes ou régnantes ; qu'il sut aussi bien braver les vents que les flots conjurés ; défendre qu'assiéger les places fortes ; conserver qu'abattre des remparts ; soutenir que faire lever un siège ; protéger les alliés que respecter les traités ; se venger de ses ennemis que déjouer leur trahison ; abattre l'agression qu'apaiser la rébellion.

Il sut, à l'instar d'Annibal et César, franchir les Alpes hérissées de pics inaccessibles et couvertes d'un horrible manteau de neige et de glaces ; rechercher par de justes combats de justes conditions de paix ; pardonner à ses sujets rebelles ; terrasser les audacieux ; obtenir plus par les conseils que par la force ; enfin il sut bien mériter à tout jamais de la France, de la vraie foi, du Saint-Siège et de la Majesté divine.

Certes, le Roi reçut du Ciel une inspiration réelle et véritablement salutaire en vous élevant au pouvoir.

Il fut heureux de voir que votre grandeur d'âme et l'étendue de vos mérites furent reconnus de tous les vôtres et de toute la Cour; il fut heureux enfin de trouver dans votre personne le plus grand ornement de son règne, le meilleur conseiller de toutes ses entreprises; aussi put-il dire avec le poète[1] :

> « M'associer à toi, je le veux de tout cœur !
> « Sois donc mon compagnon en toute circonstance,
> « Dans la guerre ou la paix, ma gloire et mon honneur
> « Ne seront que les tiens, en toi j'ai confiance ! »

Quelle confiance? quelle gloire? quel génie? Dieu immortel ! si ce n'est le génie de celui qui, en moins de deux ans surpassa les annales de bien des siècles ; de celui qui délivra l'île de Ré de l'invasion anglaise, le fort Saint-Martin de son siège, châtiant les ennemis par la défaite et la déroute ; de celui dont la sagesse combla de félicité la France durant tout son règne, ce qui semblait impossible à obtenir par la puissance des rois et des royaumes ; de celui enfin qui renversa La Rochelle sans renverser ses remparts, tant il est vrai de dire que les foudres rouges de Jupiter tempérées par les foudres blanches de Minerve et réciproquement, aussi fortes et puissantes les unes que les autres, jouissent d'une vertu invincible pour attaquer et renverser remparts et forteresses.

Grande est la joie de la France depuis que les crimes ont reçu leur juste châtiment, depuis que la violence des vents est apaisée à tel point qu'aucun coin du royaume ne recèle plus désormais la moindre cause de malheurs, la moindre apparence de tempête ; depuis que tout enfin promet un siècle et un règne de paix et de tranquillité.

---

[1] Te vero . . . . pectore toto
Accipio, et comitem casus complector in omnes ;
Nulla meis sine te quæretur gloria rebus,
Seu pacem, seu bella geram ; tibi maxima rerum
Verborumque fides. . . . .

Virgile, ch. IX, vers 275 à 280 de l'*Enéide*. Paroles d'Ascagne à Nisus, lorsque celui-ci et son compagnon Euryale lui font part de leur projet de pénétrer dans le camp des Rutules, lors de la guerre de Troie.

Que nous reste-t-il à faire vis-à-vis de l'éternelle Providence ? Qui, mieux que Thémis [1] et Minerve [2], sut par de justes châtiments, venger les orgueilleux efforts des rebelles, apaiser la fureur des vents menaçants, favoriser heureusement et puissamment les armes du roi, vos sages conseils et tous nos vœux ?

Que nos actions de grâces à son égard surpassent donc celles que Messène et Lacédémone rendaient à Minerve, déesse des combats.

Rendons aussi nos plus fervents hommages à la Majesté royale ainsi qu'à votre génie qu'elle fit le compagnon fidèle de sa gloire et de ses efforts ; mais hélas, combien modestes sont nos humbles hommages !

La levée du siège de l'île de Ré, dont l'honneur vous revient, rend inséparables son nom et le vôtre ; voici cette île devenue véritablement royale [3], et par le vœu que le roi fit à son sujet [4], et par la victoire que, grâce à vous, son armée y remporta.

Sa renommée, dépouillée désormais de son obscurité, n'aspire plus aujourd'hui qu'à franchir ses détroits et les frontières de la France pour parcourir l'Océan et l'univers entier, en proclamant les noms de Louis XIII et de Richelieu.

Permettez donc, illustre Cardinal, que cette île sortie des ténèbres se montre au jour sous vos auspices, elle qui fut illustrée par les armes du roi, ennoblie par vos conseils, con-

---

[1] Αξιοποινω, juste vengeresse, épithète de Thémis, déesse de la justice.

[2] Ανεμωτιδι, qui apaise les vents, épithète de Minerve, déesse des combats.

[3] Il fut alors question de la nommer Ile Royale ou Ile du Roi, nom synonime de Ré, Rei, Rey, qui signifie roi en vieux français ; au féminin Rène, Reine, Reyne.

[4] Vœu que fit Louis XIII dans l'église de Notre-Dame des Ardilliers, près Saumur, de consacrer la France à la Vierge si Dieu donnait la victoire à ses armes contre les Anglais et les Rochelais (ancienne fête nationale du 15 août qui dura deux siècles et demi).

servée à la France par vos veilles enfin délivrée de ses ennemis par tous vos labeurs.

Cette île a bien mérité de devenir aujourd'hui la compagne de La Rochelle dans la prospérité, comme elle le fut jadis dans l'adversité, ce que je souhaite bien vivement si toutefois vous daignez donner le souffle de vie qui manque encore à cet écrit d'un serviteur librement dévoué à votre illustrissime Éminence.

Jacques Isnard.

Après cette élogieuse dédicace à Richelieu, vient, dans le texte latin, l'autorisation de publication donnée par le roi à Isnard. Cette autorisation n'ayant aucun intérêt historique actuel n'a pas été reproduite ici.

A la suite viennent cinq épigrammes en distiques latins, adressées au roi et à l'île de Ré par divers auteurs de l'époque. La traduction de ces cinq petites pièces a été reportée dans un autre ouvrage en préparation intitulé : « La victoire de l'île de Ré », recueil de poésies françaises et latines du temps sur ce sujet.

Enfin un long et fastidieux « Avis au lecteur » comme on en faisait alors, dans lequel l'auteur latin affirme la véracité de son récit, motive la latinisation qu'il a dû faire de certains noms propres ou communs, inconnus des latins, ne nous a pas paru non plus offrir le moindre intérêt au lecteur de nos jours.

***

CHAPITRE II

Notice sur l'île de Ré

I. *Situation géographique*

Parmi les îles du golfe d'Aquitaine adjacentes au littoral Santon, il en est deux, à peine connues des anciens, dont le nom est connu en France depuis quelques siècles ; ce sont : l'île nommée Oléron par certains auteurs, Olarion par certains autres (Ularius), et l'île de Ré (Rea).

Cette seconde, plus petite et moins connue que la première, semble s'étendre et s'élever davantage au-dessus des mers, grâce à la célébrité que lui valut le siège qu'elle soutint contre les Anglais qui furent vaincus et mis en fuite, comme le furent jadis les Perses à Salamine.

Ces deux îles, situées à l'ouest de la France, sont distantes d'une lieue du continent et de trois lieues l'une de l'autre. Le détroit qui les sépare porte le nom de pertuis d'Antioche.

Vue de l'île d'Oléron, l'île de Ré est située au nord de la baie de La Rochelle. Vue de l'île de Ré, l'île d'Oléron est située au sud de l'embouchure de la Charente.

Elles produisent l'une et l'autre tout ce qui est nécessaire à l'existence ; elles n'ont rien à envier aux îles Fortunées, tant elles sont riches en vin et en sel.

Elles s'étendent du continent vers le nord nord-ouest, en s'écartant progressivement l'une de l'autre.

L'île d'Oléron, la plus grande, a environ six lieues et demie de long sur une et deux de large ; l'île de Ré, moins étendue, n'a que cinq lieues de long et une lieue et demie dans sa plus grande largeur.

II. *Description*

L'île de Ré a, en quelque sorte, la forme d'un cheval couché sur le flanc, dont la queue et les membres postérieurs seraient cachés.

Le dos, tourné vers le sud-ouest, commence à la pointe de Chauveau et au village de Sainte-Marie; il s'étend jusqu'aux rochers qui forment l'anse de Champ-Chardon.

De là, l'encolure s'étend jusqu'au village du Filieu[1] et le rocher des Baleines; la tête s'étend vers le nord, jusqu'au village des Portes et le rocher de Becheron; elle s'incline ensuite vers la poitrine à Ars, au milieu des marais salants situés autour du fief d'Ars et jusqu'à l'île de l'Oie[2].

Cette deuxième île représenterait les membres antérieurs du cheval si, au lieu d'être séparée de l'île de Ré par un chenal étroit, elle lui était reliée par un pont; la pointe blanche en formerait les sabots.

Le poitrail se trouve au niveau de la Coarde[3], l'abdomen au niveau du bourg de Saint-Martin (le plus grand et le plus important de l'île); les flancs sont au niveau du village de la Flotte. La croupe enfin est formée par la baie de Rivedoux et la pointe de Sablanceau.

La côte nord, située vis-à-vis le continent, possède des rades sûres pour l'encrage des navires, entre autres, la rade de Lobyé, celle de la Palisse, celle de Saint-Martin et celle de l'Oie.

La côte sud, située vis-à-vis la pleine mer, est au contraire inaccessible à cause de ses rochers et de ses bancs de sable, d'où son nom de côte sauvage.

[1] Pagus Filieus (aujourd'hui le Gilieu).
[2] Anseris insula.
[3] Coarda.

III. *Étymologie*

Dans certains documents très anciens, l'île de Ré est désignée sous le nom de Regia (royale), mais cette appellation me paraît incertaine et insuffisamment prouvée.

Dans d'autres documents sérieux et importants, elle est appelée Rheta selon les uns, Reta et Retia selon les autres, sans doute à cause des rets ou filets que les pêcheurs y étendaient pour les sécher ; soit encore, ce qui paraît plus vraisemblable, à cause des navires (rates) qui trouvaient facilement sur ces côtes une rade sûre, d'où lui serait venue cette appellation du temps des Romains.

Elle fut aussi nommée Rea, soit que ce fût son premier nom, soit que ce fût par traduction erronée de sa première appellation ; ce nom lui viendrait, d'après Ortell (Theatrum Orbis terræ), de sa fertilité en vins et de son abondance en toutes sortes de denrées (Res).

Enfin, d'après une opinion sur laquelle je n'ose insister, bien qu'elle émane d'un auteur distingué (Alan. Medic. lib. de Sant. reg.), le nom de Rea lui serait venu du grand nombre de coupables qui s'y réfugiaient (Reus), de criminels et de gens poursuivis pour dettes qui trouvaient dans cette île un asile et un refuge assuré[1].

IV. *Seigneurs de l'île de Ré*

L'île de Ré, comme La Rochelle, appartint jadis aux Seigneurs de Mauléon[2], jusqu'à ce que, faute d'héritier mâle, la branche féminine de cette famille l'eût transmise

---

[1] Quoi qu'on ait dit ou écrit à ce sujet, il n'existe encore aujourd'hui aucune étymologie reconnue comme certaine du nom de l'île de Ré. (Note du traducteur.)

[2] Dr Atgier, *Les Sires de Mauléon, Seigneurs de l'île de Ré*, 1137-1268. Broché, grand in-8°, 1898.

en dot aux vicomtes de Thouars, sous le règne de saint Louis [1].

Sous Louis XI, la guerre civile ayant porté atteinte au Roi, le domaine des Sires d'Amboise [2], dont l'île de Ré faisait partie, revint par transaction à la couronne de France (1431).

En 1446, Marguerite d'Amboise (fille de Louis d'Amboise, vicomte de Thouars et de Marguerite de Rieux), dernière héritière des d'Amboise, en se mariant avec Louis Ier de la Trémoïlle, fit passer l'île de Ré dans la famille de ce nom [3].

D'après l'histoire, les Sires de La Trémoïlle, princes de Tallemond-sur-Mer, près de Jard en Bas-Poitou, étaient appelés les petits rois du Poitou, grâce à leur célébrité, à leurs exploits, à leur puissance et à leurs immenses domaines.

Enfin, Jacqueline de La Trémoïlle (fille de François Ier du nom et d'Anne de Laval), lors de son mariage avec Louis, Sire de Bueil [4], lui apporta en héritage Marans et l'île de Ré (1535).

De cette famille de Bueil existe actuellement Jehan (VII) de Bueil, comte de Marans et baron de l'île de Ré, ainsi que son fils René (1629).

V. L'île de Ré sous la domination anglaise

L'île de Ré appartint à l'Angleterre pendant toute la période où cette puissance posséda l'Aunis, la Saintonge,

---

[1] Dr Atgier, *Les Vicomtes de Thouars, Seigneurs de l'île de Ré*, 1268-1555. Broché, grand in-8°, 1897.

[2] Vicomtes de Thouars.

[3] En même temps que la vicomté de Thouars.

[4] Alors comte de Sancerre.

le Poitou et l'Aquitaine et eut pour partisans les Seigneurs de Mauléon et les Vicomtes de Thouars (1150).

Louis VIII, Cœur-de-Lion, roi de France, dans la guerre qu'il fit aux Anglais, leur reprit l'île de Ré en même temps que Niort et La Rochelle (1224).

Édouard Ier, Roi d'Angleterre, sous le règne de Philippe le Bel, simulant un départ de sa flotte pour une croisade, s'empara de la Normandie, de La Rochelle et de l'île de Ré.

Le Roi de France le déclara coupable de haute trahison et, usant envers lui de son bon droit, lui reprit le Duché d'Aquitaine avec l'île de Ré.

Plus tard, François Ier vint à La Rochelle apaiser par sa présence la rébellion de l'île de Ré qui, de concert avec La Rochelle et îles voisines, avait osé chasser les fermiers royaux, percepteurs des droits sur les salines et avait refusé de payer l'impôt de la gabelle.

VI. L'île de Ré pendant les guerres de religion

Sous Charles IX, la réforme protestante s'étant répandue dans presque toute la France et la guerre civile ayant éclaté jusqu'au fond de l'Aquitaine, les Rochelais, mêlés au parti des hérétiques, 1568, s'emparèrent de l'île de Ré et de Marans mais ne les conservèrent pas longtemps ; le Comte du Lude était alors Comte de Poitou.

Cette même année, l'armée protestante fut défaite et dispersée par Blaise de Montluc, près de Marennes et Saint-Justin ; digne émule de son courage, son neveu Leberon tenta une descente dans l'Ile de Ré ; il fut repoussé pendant sept jours par les troupes protestantes qui avaient à leur tête Yvon.

Il simula alors la fuite, mais, par un retour aussi subit qu'impétueux, il réussit à faire irruption dans l'île. Le courage de ses soldats ne fit pas défaut à l'ingénieux stratagème de ce vaillant capitaine. Les paysans catholiques de l'île eux-mêmes l'aidèrent dans son entreprise, débarquant les combattants à leur cou ou sur leur dos et les déposant à sec sur le rivage, pour leur faire éviter les bas-fonds, les vases et les écluses.

L'armée catholique, une fois rassemblée à Ars, marcha droit à l'ennemi et ne tarda pas à se rendre maîtresse de l'île entière[1].

Les protestants qui échappèrent au carnage sautèrent à la hâte dans des embarcations et regagnèrent La Rochelle d'où ils étaient venus.

En 1572, le 8 novembre, ceux-ci voulurent s'emparer de nouveau de l'île de Ré; mais, devant la résistance que leur préparait La Renolière, gentilhomme poitevin, ils y renoncèrent.

L'année suivante, 1573, le premier siège de La Rochelle étant levé, ils reprirent l'île de Ré, sous les ordres de La Noue, leur chef et la munirent d'une flotte et d'une garnison.

En septembre 1575, à peine Landrau, chevalier de l'ordre du roi et lieutenant du Comte du Lude, venait-il de leur prendre l'île de Ré, qu'elle fut reprise par les Rochelais commandés par la Popelinière. En un jour, les catholiques avaient été vainqueurs et vaincus, les hérétiques vaincus et vainqueurs.

En mai 1577, Lansac, amiral de la flotte royale, arriva devant l'île de Ré et disposa ses vaisseaux en ordre de bataille, mais il se retira sans résultat car, d'une part, Morinville avec la garnison de l'île et les insulaires fît une vigoureuse défense des côtes et des ports, tandis que Clairmont d'Amboise, amiral de la flotte rochelaise, ne cessa de le harceler et de poursuivre ses vaisseaux.

Après avoir assiégé et pris Brouage ou Jacopolis et avoir réduit l'île d'Oléron à une capitulation, Lansac tenta encore, mais en vain, de s'emparer de l'île de Ré.

[1] Siège du grand fort ou Église fortifiée de Saint-Martin.

L'île de Ré fut toujours d'un si grand secours aux Rochelais que ceux-ci, dès le début de leur rébellion, comprirent qu'ils devaient la protéger à l'égal de leur ville elle-même.

Ils prévoyaient bien que, si cette île leur était enlevée, ils perdraient en elle un grand secours pour leurs troupes, un grand soutien pour leur défense et qu'elle deviendrait ainsi l'origine de leurs malheurs.

Leur conjecture ne fut pas vaine, car elle vient de se réaliser lors du siège de La Rochelle (1628).

C'est pourquoi, depuis l'occupation qu'ils firent de cette île, sous le règne de Charles IX, ils la fortifièrent, la munirent de troupes et la maintinrent en leur possession, en paix comme en guerre, jusqu'en l'année 1624.

Sous le règne de Louis XIII, à bien plus juste titre encore qu'autrefois, cette île est-elle autorisée à revendiquer l'étymologie de Regia (royale) plutôt que celle de Rupellana (Rochelaise) ou (Rea) de Ré. Son Roi, en effet, l'avait arrachée aux mains des rebelles et l'avait vengée, grâce à la victoire que Montmorency[1] remporta sur la flotte rochelaise, dans la bataille navale de l'île de Ré[2].

---

[1] Amiral de la flotte française renforcée de vaisseaux hollandais.

[2] Livrée le 14 septembre 1625 entre Montmorency et Jean Guiton, amiral de la flotte Rochelaise.

CHAPITRE III

Causes de la guerre Anglo-Française

La paix paraissait définitivement et solidement assurée à la France, grâce aux alliances et aux unions contractées avec les puissances voisines dont la force et l'humeur belliqueuse étaient à craindre, grâce surtout au mariage de Henriette de France, sœur de Louis XIII, avec Jacques Ier, roi de la Grande-Bretagne, au mois de mai 1625, présage salutaire de concorde et de sympathie pour les catholiques de France et d'Angleterre et pour la France entière désireuse de la paix.

Mais, de même que le mensonge et l'erreur se cachent souvent sous des dehors trompeurs, ces gages d'alliance et d'amitié qui promettaient d'être si solides, furent de bien courte durée.

Les Anglais en effet, en négociant ce mariage, n'avaient eu aucune intention de négocier la paix ; ils avaient au contraire trompé la bonne foi du roi, avaient fait pendant leur dernier séjour en France cause commune avec le parti des mécontents et machiné les malheurs d'aujourd'hui.

Aussitôt après que le contrat de mariage fut signé, l'apport dotal fixé, à peine couronnée reine, avant même d'avoir été unie au roi d'Angleterre par le lit nuptial

Henriette de France reçut de ses principaux officiers et des ministres de la cour d'Angleterre les arrhes du traitement qui lui était dû à Londres, traitement peu en rapport avec sa dot et réellement indigne de sa majesté royale.

À peine eut-elle mis le pied en Grande-Bretagne et reçu le sceptre royal qu'il lui fut presque interdit de jouir des conventions les plus légitimes de son contrat.

Constamment contrariée dans ses goûts, elle se vit forcée de supporter de gré ou de force la violation des conventions les plus sacrées relativement à sa tranquilité personnelle, au salut de son âme, à la paix de sa conscience.

Contrairement à l'usage des princes chrétiens, lors de la première entrée d'un roi ou d'une reine dans une ville, usage qui méritait d'être respecté en la circonstance, aucun prisonnier ne fut mis en liberté le jour de l'arrivée à Londres de la nouvelle reine d'Angleterre.

Que l'on n'eût pas fait alors parade d'humanité et de piété, passe encore ; au moins n'eût-on pas dû faire parade d'inhumanité et d'impiété! Que le bien fît défaut en la circonstance, passe encore, au moins le mal eût-il dû être évité! C'est ce qui n'eut même pas lieu, car cinquante-deux personnes, par le fait seul qu'elles étaient catholiques, furent arrêtées, dont deux en présence même de la reine et sur le seuil de la chapelle royale.

Les catholiques d'Angleterre qui comptaient sur aide et protection, grâce au mariage et à l'arrivée de la nouvelle reine à Londres, furent déçus dans leur espoir.

Plusieurs des gens de la suite de la reine furent suspendus de leur emploi, tous furent menacés d'un prompt renvoi en France.

La reine voyait tout cela avec peine ; elle cachait ses larmes, concentrait sa tristesse, mais, de crainte d'aggravation, dissimulait sa douleur.

Faute de pouvoir éclater sur la tête de la reine, cette tempête formée de nuages amoncelés, gonflés de menaces et de vexations, éclata enfin sur celle de ses serviteurs.

En effet au mois de mai 1626 parut un édit du roi de la Grande-Bretagne qui retirait à la reine ses principaux officiers ; les gens de sa suite, au nombre de plus de cent cinquante des deux sexes, parmi lesquels se trouvaient des prêtres, son confesseur, etc., durent rentrer en France, sans connaître le motif de cette offense ni de quel droit elle leur était faite.

Cet ordre fut donné si brusquement et si rapidement qu'ils furent pour ainsi dire expulsés de l'île avant d'avoir été prévenus.

Cette exclusion parut d'autant plus indigne que la présence de ce personnel auprès de la reine avait été prévue au contrat de mariage.

Il avait été stipulé en effet à ce contrat :

« 1° Que dans son palais quel qu'il soit la reine trouverait une chapelle où seraient célébrés les rites et solennités de sa religion : prédications, évangiles, sacrements, messes, offices religieux, jubilés, indulgences, etc.

« 2° Qu'elle trouverait un cimetière clos de murs et à l'abri de toute profanation où les catholiques pourraient être inhumés selon les rites de leur religion.

« 3° Qu'elle aurait un évêque pour grand aumônier, vingt-huit prêtres, clercs, ecclésiastiques, etc. ; que tous ses officiers et serviteurs seraient catholiques et choisis par le roi très chrétien, son excellent frère, et que leur nombre dépasserait celui qu'aucune reine n'avait eu jusqu'alors en Angleterre. »

Mais tout fut annulé, renversé ; respect du contrat, bonne foi, religion, droits, pomesses, furent foulés aux pieds.

Il serait inutile et trop long d'énumérer en détail toutes

les offenses faites à la reine ; rien ne saurait mieux les démontrer que la haine héréditaire de l'Angleterre pour la France, que sa foi anglo-punique, que son désir de rompre le traité de paix, afin de favoriser le parti des réformés de France (ce qui ne tarda pas à avoir lieu).

Louis XIII désolé de ces injures, lui qui avait désiré mettre dans ses relations avec la cour d'Angleterre toute la justice, l'amitié et l'impartialité désirables, envoya comme ambassadeur auprès du roi de la Grande-Bretagne, le maréchal de Bassompierre, avec mission de se plaindre de tels procédés, de plaider la cause de la reine, de demander le maintien de ses officiers, l'exécution des promesses, l'observation pleine et entière des clauses du contrat de mariage.

Bassompierre arriva en Angleterre dans les premiers jours d'octobre ; il fut reçu à la cour du roi avec froideur, mais selon l'habitude avec beaucoup de courtoisie et de bienveillance apparente.

Relativement au but de sa mission, on se tint en dehors de la question ; ses demandes, ses instances même restaient sans réponse, sans solution. On proposait tantôt ceci tantôt cela ; telle proposition était préférable, telle autre plus prompte ; on espérait par des tergiversations faire perdre à l'ambassade son but et sa raison d'être et n'être plus tenu à donner satisfaction à l'offense et à la juste demande du plus juste des rois.

Ni les réponses du roi de la Grande-Bretagne ni celles de son Conseil ne correspondaient aux propositions de l'ambassadeur de France.

Le roi savait fort bien que le but de celui-ci était de demander énergiquement l'exécution du contrat de mariage de la reine et son rétablissement sur des bases fermes et durables, mais les conventions n'en furent pas plus solidement rétablies. La cour omettait de parler de ce qui ne lui allait pas et refusait de prêter l'oreille à de trop justes réclamations.

Elle jetait la négociation sur des questions impraticables, évitait de répondre aux questions posées, répondait à des questions non posées et irréalisables, traînait en longueur la négociation et l'ambassade d'un aussi éminent personnage, afin d'obliger par ces froissements le roi de France à une rupture officielle qu'elle avait été la première à préméditer et à effectuer réellement.

Ni ces perfidies, ni cette rupture prématurée n'émurent la majesté royale de notre roi, dont la justice, l'amour de la paix et la courtoisie ne laissèrent rien à désirer pour consolider le contrat de mariage et le traité de paix.

Le roi d'Angleterre, au contraire, avec tous ses efforts pour rompre la paix, au mépris du pacte d'alliance, voulait mettre le roi de France dans l'obligation de la rompre, en faisant la sourde oreille et ne prenant pas au sérieux la demande de notre ambassadeur, mais ces injures et ces machinations n'ébranlèrent ni l'esprit ni la bonne foi du plus juste des rois.

Dans une entrevue avec le maréchal de Bassompierre, où il réclama aux ministres d'Angleterre une réparation dans les termes les plus courtois (selon son habitude) et l'observation *ad integrum* des traités récemment conclus, ceux-ci, plus audacieux que jamais, osèrent lui dire : « Vous ne nous dites pas tout ce que vous avez mission de nous dire, nous voyons fort bien que vous êtes chargé de la part de votre roi de nous déclarer la guerre. »

Ils voulaient ainsi nous mettre dans l'obligation de leur déclarer la guerre, sachant bien qu'un monarque comme le roi de France ne pourrait s'entendre adresser de telles offenses sans tirer son épée et crier vengeance.

Ils ne se doutaient pas de la prudence et de la modération de Louis XIII, qualités qui lui enseignaient de ne prendre les armes que lorsqu'il n'y aurait plus, sans elles, ni paix ni salut possibles.

Il eût été cependant facile aux ministres anglais de donner satisfaction à un ambassadeur qui n'avait d'autre mission que la revendication d'une réparation en termes amicaux.

Le temps s'écoulait ainsi et le but de l'ambassade était éludé dans de stériles conférences.

Notre ambassadeur, fatigué de la tournure des négociations, de l'obstination de la cour d'Angleterre, renonça à prolonger ses propositions et sembla prêter une oreille attentive à celles de la cour ; il préféra s'incliner, espérant ainsi arriver à persuader par des moyens détournés ceux qui n'avaient pu l'être directement.

Il essaya de leur montrer que leurs propositions étaient contraires au bon droit et de les faire incliner progressivement vers des idées d'équité en pesant chaque proposition faite de part et d'autre dans les balances de la justice.

Ce dessein était assurément habile et digne d'un homme aussi sage ; mais ce fut en vain, le but recherché ne fut pas atteint.

On lui remit au mois de novembre un mémoire contenant la liste des charges conservées auprès de la nouvelle reine, sans indiquer les principaux officiers nominativement ou ne nommant que les derniers promus, alors que nous demandions la restitution des officiers récemment expulsés de son entourage.

Ce mémoire n'était qu'un libelle plein de faux-fuyants et de détours. L'ambassadeur l'envoya quand même à son roi, non qu'il fût l'expression de ses négociations, mais pour convaincre de la mauvaise foi de nos voisins.

Louis XIII le fit lire, discuter en son conseil particulier et le renvoya aussitôt à l'ambassadeur en lui enjoignant de ne pas s'écarter d'un iota du but de sa mission et de sonder encore dans les conférences et discussions des ministres quels étaient leur intention, leur bonne foi et leur but en publiant ce libelle.

L'ambassadeur exécuta les ordres du roi, convaincu des artifices, ruses et ambages dont ce libelle était tissé, tant sur les personnes qui y étaient visées que sur leur situation ; il n'y avait pas en effet à douter un seul instant que les Anglais ne voulussent un nouveau traité, non pour nous être agréables mais pour faire disparaître à tout prix le traité récemment conclu, dont la valeur résidait dans l'accord unanime loyalement et publiquement exposé et dans ce contrat de mariage établi solennellement.

Leur idée toute spécieuse consistait à détourner les négociations de l'exécution du contrat de mariage pour les tourner vers de nouvelles questions plus injustes les unes que les autres et faire ainsi tomber la reine d'Angleterre et les Catholiques de sa suite sous des lois arbitraires et iniques.

Rappelé d'Angleterre par Louis XIII, Bassompierre prit congé de la cour immédiatement; après avoir essuyé une violente tempête à son retour en France, il se présenta le 21 décembre 1626 à la cour de France, remit la relation de son ambassade et de sa mission signée des ministres et du roi d'Angleterre.

Louis XIII vit décidément que les Anglais couvaient de mauvais desseins, qu'ils préparaient quelque piège et entreprise coupable. L'échec de l'ambassade, les renseignements confirmés, l'idée générale dominante en France, de fréquents messages, des captures, des pillages, le refus de réparer les plus justes offenses, tout cela montrait péremptoirement les intentions des Anglais vis-à-vis de nous.

Plus leurs agissements semblaient animés de mauvaises

intentions, leurs offenses d'audace, leurs efforts de tendance à la rupture du traité de paix, plus Louis XIII s'efforçait d'en appeler à la justice du monde chrétien sur les offenses et la mauvaise foi du peuple Anglais.

Au mois de février 1627, après entente avec notre ambassadeur, Louis XIII envoya un message dans lequel il insistait plus que jamais sur la stricte exécution du contrat de mariage de sa sœur.

Marie de Médicis, reine mère du roi de France et de la reine d'Angleterre, belle-mère du roi Charles Ier, par amour pour ses enfants, pour la paix et la concorde entre leurs deux couronnes et comme médiatrice, promit au roi d'Angleterre, son gendre, d'obtenir du roi de France la cessation de ses instances sur la stricte exécution du contrat de mariage relativement à la restitution des officiers placés auprès de sa sœur, s'il maintenait seulement auprès de la reine d'Angleterre quelques officiers qu'elle lui nommait, ainsi que ceux qui étaient désignés dans le mémoire de l'ambassadeur.

Les officiers [1] désignés par Marie de Médicis pour être maintenus auprès de la reine d'Angleterre tout particulièrement, étaient le premier écuyer, l'écuyer ordinaire, le médecin, le secrétaire, les dames de la chambre, les dames du lit et enfin les femmes de chambre qu'elle avait emmenées.

Ces accommodements, ces entremises, cette médiation, ne trouvèrent aucun écho dans ces esprits hostiles et disposés, non à laisser éteindre les haines, mais à briser les liens les plus sacrés des traités, en un mot prêts à tout; Louis XIII n'obtint donc, malgré ces justes démarches, aucun résultat favorable.

La guerre était décidée dans leur esprit, ils n'hésitaient plus que sur les voies et moyens de leur invasion; leur

---

[2] Ici le mot officier signifie personne ayant un office ou une charge quelconque auprès d'un personnage.

avis était partagé quant aux détails, mais, quant au fond, leur intention était bien arrêtée ; il était oiseux désormais de parler de paix à ces esprits hantés d'idées de guerre.

Les Anglais entrevoyaient déjà de vastes succès ; ils nourrissaient un espoir perfide et une foi assurée dans leur entreprise, basés sur l'inconstance de nos mœurs et de notre caractère et sur tout ce que leur avait suggéré leur séjour à la cour de France, lors des pourparlers du mariage, séjour qui fut aussi long qu'indiscret.

Ils rejetaient toute idée étrangère à la guerre et cherchaient à irriter par tous les moyens notre roi qui, grâce à une rare sagesse et à un jugement très profond, savait se contenir au milieu de tant d'offenses.

Ils entraînèrent les hostilités par leurs incursions, leurs pillages, leurs attaques de nos navires de commerce, et, bien que nous fussions encore en paix, si les gens lésés par eux demandaient justice, ils étaient éconduits, méprisés, froissés, moqués, déboutés de leur demande sans le moindre dédommagement de leurs pertes qui s'élevaient déjà à plus de trente mille livres.

De là mille plaintes des armateurs français, tant de leurs pertes que du mépris de leurs réclamations.

Ceux-ci se rendirent en députation à Blaye-sur-Gironde, auprès du Duc de Luxembourg qui avait reçu du roi ordre de donner satisfaction aux armateurs lésés.

Ceux-ci le supplièrent, en raison des chargements et navires perdus, de faire consigner dans le port de Blaye les navires anglais chargés de vins dans le port de Bordeaux et qui, à leur retour en Angleterre, devaient en passant à Blaye reprendre les canons qu'ils y avaient déposés lors de leur arrivée. (Il était alors d'usage, vu le peu de confiance qu'inspiraient les Anglais, qu'aucun navire armé de canons n'entrât dans le port de Bordeaux.)

Selon les ordres reçus du Roi, le Duc leur donna satisfaction et, dans les premiers jours de novembre 1626, fit retenir quantité de navires anglais dans le port de Blaye.

Sur une demande faite au roi de France par des armateurs écossais, quarante-cinq de ces vaisseaux furent bientôt relâchés (vaisseaux que l'on revit l'année suivante, lors de l'invasion de l'île de Ré) ; quant aux autres navires, ils furent confisqués pour dédommager les armateurs lésés.

Les croisières anglaises n'en devinrent que plus audacieuses. Sous l'apparence d'entreprises privées, elles n'agissaient que par mot d'ordre officiel.

Il n'y eut plus lieu bientôt de douter des intentions des Anglais, car le 28 avril 1627 parut en Angleterre un édit interdisant, sous peine de confiscation de navire et cargaison, l'exportation de marchandises anglaises en France.

Le 12 mai suivant parut un nouvel édit prescrivant la confiscation de tout navire français, soit du roi, soit de ses sujets (*sic*), ainsi que de sa cargaison, que celle-ci fût destinée à l'exportation ou à l'importation, soit dans les ports anglais, soit sur mer, soit en tout autre lieu.

Sur ces entrefaites, le bruit courut en France et s'accrédita peu à peu par nombre de messages que l'Angleterre équipait une flotte, sans toutefois faire connaître son but. De là bien des conjectures circulèrent mais sans preuves encore bien certaines.

Le roi, dont la prévoyance et la perspicacité étaient très grandes, comprit bientôt que l'Angleterre préparait une flotte et une armée pour favoriser la rébellion de La Rochelle ; que la France était sérieusement menacée (présage qui ne fut pas vain) et qu'une entreprise était imminente vers cette ville, dernier rempart de la révolte ainsi que vers les îles et plages voisines.

Le Prince de Soubise en effet, après sa défaite à Riez, s'était réfugié en Angleterre et s'efforçait d'exciter les Anglais à se soulever ; il éperonnait pour ainsi dire à une entreprise contre la France des esprits déjà prêts et tout disposés à s'élancer dans cette voie.

A son exemple, le Duc de Rohan son frère et tous leurs partisans, les réformés de France, comptaient sur une guerre de religion qu'ils avaient fomentée aussi bien en dehors qu'en dedans du Royaume.

Soubise affirmait à ses partisans :

1° Que, dès que les vaisseaux anglais apparaîtraient en France, l'étendard de la révolte fomentée depuis longtemps et propagée dans les provinces françaises se lèverait d'un seul coup ;

2° Que les peuples voisins n'attendaient qu'un signal pour faire entrer leurs troupes en France ;

3° Que, des gouvernements de La Rochelle et de Brouage en particulier, surgiraient des nuées de combattants ;

4° Enfin que plus de deux mille marins de Mornac et d'Arvert accourraient sous ce même étendard.

Soubise heureusement avait mal fait son calcul. Le gouverneur de la province d'Aunis fut changé ; il fut remplacé par Anne d'Autriche, la reine-mère du roi, dont les conseils, l'autorité, la vigilance et la modération surent maintenir sous son obéissance ce pays, bien qu'il fût tout entier travaillé déjà par la rébellion.

Assuré désormais de la conspiration qui se préparait en Angleterre d'après ses prévisions et les nouvelles qu'il recevait chaque jour, Louis XIII fit réunir de toutes les provinces de son royaume, sur le littoral du Poitou et de la Saintonge, une armée composée de régiments d'infanterie (piquiers et mousquetaires) et de compagnies de cavalerie (chevau-légers) et la fit tenir prête à accourir rapidement là où les Anglais voudraient faire irruption.

Il voulut s'y rendre lui-même en personne avec son frère le duc d'Orléans qu'il nomma lieutenant général de son armée. Le duc d'Angoulême et Louis de Marillac, maréchaux de camp, furent chargés de rassembler et faire camper sur les points stratégiques des environs de La Rochelle toute cette armée. Marillac y arriva le 20 juillet 1627 et Gaston d'Orléans le 24 du même mois.

Le roi savait pertinemment que de fréquentes intelligences et correspondances avaient lieu entre Anglais et Rochellais. Le 28 juin, après avoir siégé au parlement pour l'expédition d'affaires pressantes, bien qu'il ressentît déjà quelques frissons de fièvre, il prit congé de la cour, du Conseil et quitta Paris, tant il avait hâte de se préparer à la guerre et de calmer cette tempête de rébellion qui du ciel d'Angleterre allait s'abattre sur les rivages de la France.

Arrivé le soir à Beaulieu, la fièvre avait augmenté ; il en partit néanmoins le lendemain pour Villeroy où, la maladie s'aggravant, il dut interrompre son voyage, car ses forces trahissaient son courage. Pensant alors beaucoup plus au salut de son Royaume qu'au sien, il plaça à la tête de l'État l'éminent Cardinal de Richelieu et autres ministres dont la probité lui était aussi connue que la valeur, afin que ceux-ci, pendant la durée de sa maladie, dirigeassent les affaires sous l'autorité de la Reine-Mère dont il approuvait d'avance les décisions.

La fièvre augmenta de plus en plus, ses accès violents et fréquents, résistant aux remèdes, compromirent un instant sérieusement la santé du Roi ; enfin, pour qu'il ne fût pas dit que tous les maux nous accablaient à la fois, cette fièvre céda peu à peu, les accès disparurent progressivement et la guérison arriva heureusement le 15 août, fête de l'Assomption. Cette maladie et tout son cortège avaient causé bien des craintes à la Reine et aux ministres. Il plut enfin au Roi des rois de nous conserver le nôtre, selon les vœux de tous ses sujets, et de sauver celui qui se préoccupait tant de sauver la France.

Pendant la maladie du Roi, comme pour compromettre encore sa santé, la flotte anglaise aborda et envahit l'île de Ré; mais, selon l'avis des médecins, des ministres et de tout son conseil, la Reine-Mère lui cacha ce malheur et chacun s'empressa de pourvoir néanmoins aux nécessités du moment avec la plus extrême vigilance.

Avant d'entreprendre dans ses détails la relation de cette guerre, disons quelques mots de l'île de Ré, de la flotte et de l'armée anglaises ainsi que de son invasion subite.

CHAPITRE IV

Bataille de Sablanceau (22 juillet 1627)

L'importance de l'île de Ré fut jugée telle par le Roi qu'il résolut de la conserver.

Il donna des ordres en conséquence pour que deux forts y fussent élevés immédiatement et prit lui-même les plus grands soins pour leur construction.

L'un, le fort Saint-Martin, devait s'élever au bord de la mer, près du bourg Saint-Martin qui lui donna son nom comme il l'avait déjà donné à sa rade; l'autre, le fort la Prée, devait s'élever entre l'Abbaye qui fait face à l'anse de ce nom et la dernière côte de l'île qui fait face à la rade de la Palisse.

Depuis longtemps en maintes circonstances le roi avait, dans tous ses ordres, manifesté une grande confiance dans le Maréchal de Toiras qui avait d'ailleurs prouvé qu'il en était digne.

Il compta donc cette année-là (1626), sur son propre trésor, la somme que Toiras lui avait demandée et qui, suivant certains renseignements, s'élevait à quatre cent mille livres, afin d'activer rapidement la construction de ces deux forts, leur aménagement et leur approvisionnement.

Le roi, confiant en la valeur et le talent de Toiras, lui remit le soin de cette entreprise tout entière de peur que les délais de ses ministres, aussi préjudiciables que désagréables, ne causassent du retard ; il lui fit compter sur le champ ladite somme afin qu'il consacrât sans relâche tout son zèle et tous ses instants à faire achever les travaux, les transports de munitions et de matériel nécessaire.

L'Angleterre poursuivant alors ses funestes desseins, envoya, sous les ordres du duc de Buckingham, une flotte dont l'avant-garde apparut sur les côtes de France, le 20 juillet 1627, vers les six heures du matin par le travers des Sables-d'Olonne, forte de 18 ou 20 vaisseaux.

On crut tout d'abord que c'étaient des navires de Dunkerque, guettant la flotte Flandro-Belge, à l'ancre dans la rade ; mais, à leur approche, les Flamands n'ayant manifesté aucune crainte ni la moindre intention de lever l'ancre, on comprit que c'étaient des vaisseaux anglais ; bientôt on en fut certain, lorsqu'on les vit, au nombre de 120, rester à l'ancre toute la journée à une faible distance du rivage de l'île. Plusieurs vaisseaux s'approchèrent du fort la Prée, le bombardèrent toute la journée et le lendemain aussi, 22 juillet, jour de la Magdeleine, jusqu'à la marée montante du soir.

Alors la flotte entière environna la pointe de Sablanceau en une longue file de vaisseaux séparés du rivage par une faible portée de mousquet.

Les Français comprirent que les Anglais voulaient, pour faire leur descente, profiter de la grande marée (dite de la Magdeleine) et d'un calme des plus avantageux.

Toiras confia alors la garde du fort Saint-Martin à cinq compagnies d'infanterie de son régiment de Champagne.

Il envoya une compagnie à l'île de Loix et quatre autres à Ars avec la moitié de ses chevau-légers afin de résister à l'ennemi dans le cas où son attaque vers

Sablanceau n'étant qu'une feinte, il aurait l'intention d'opérer sa descente dans l'un de ces points de l'île.

A la première lueur du jour il sortit avec les autres Compagnies du régiment, l'autre moitié de sa compagnie de chevau-légers et nombre de gentilshommes volontaires, parmi lesquels se trouvaient des Roches-Baritaut, de Montendre, de la Rabatelière, de Cusagues et de Chantal.

Après avoir fait explorer la position de l'ennemi, Toiras fit avancer ses troupes vers Sablanceau (petit promontoire d'un kilomètre de long environ, sur trois cents pas de large), où elles restèrent retranchées derrière les dunes pendant six heures. Durant ce temps, les vaisseaux armés de plus de deux mille pièces de canon, s'étant mis de flanc, firent pleuvoir une grêle de boulets dont plusieurs Français furent atteints.

A marée descendante, les Anglais commencèrent à sauter dans leurs chaloupes pour occuper le rivage.

En les voyant choisir cet endroit et disposer leurs vaisseaux tout autour de la pointe de Sablanceau, Toiras et ses officiers virent que l'intention des Anglais était d'y débarquer quatre ou cinq cents hommes chargés d'attirer les Français dans un combat qui ne pouvait leur être que très dangereux et très meurtrier, à cause de la grêle de boulets et de balles qui pleuvait constamment des douze ou quinze vaisseaux les plus rapprochés de terre.

Ces conjectures furent vite réalisées lorsqu'après avoir vu débarquer une première troupe par les chaloupes, ils virent ces chaloupes rester auprès du rivage pour assurer un refuge à l'ennemi, espérant par ce stratagème forcer les Français à voler au combat pendant plus d'un kilomètre, exposés aux feux de la mousquetterie et de l'artillerie et les tailler en pièces par les projectiles avant qu'ils aient même pu livrer combat.

Toiras devant cette perspective résolut de ne pas engager la lutte avant que les ennemis fussent descendus à

terre en assez grand nombre pour que les armes fussent
égales. Les Anglais devant cette attente des Français,
débarquèrent au nombre de plus de deux mille au moyen
de leurs embarcations.

L'armée française ne se composait que de deux cents
hommes de cavalerie et de huit cents hommes d'infanterie
au plus, chaque compagnie du régiment de Champagne
avait laissé trente-deux hommes pour la garde du fort
Louis, huit pour la garde du fort la Prée, sous le commandement du lieutenant de Barrière ; cinq compagnies gar-
daient le fort Saint-Martin, une l'île de Loix et quatre le
bourg d'Ars, comme il est dit plus haut.

Toiras divisa sa cavalerie en sept escadrons afin qu'elle
fut moins décimée par le canon de l'ennemi.

Les principaux gentilshommes volontaires étaient de
Chantal, de Navailles, de Soubran, les deux de Bussac père
et fils, d'Ambleville, de Saint-Surin, de Marennes, de
Baranzac, de Causes, de Tibaudière, de Boissantault, de la
Rabatelière et ses compagnons d'armes ; joints aux chevau-
légers de Toiras, ils formaient trois escadrons, commandés
l'un par le baron de Chantal, l'autre par de Montferrier,
frère de Toiras, le troisième par Toiras lui-même.

Les autres chevau-légers formaient quatre escadrons
commandés par des Roches-Baritaut, le comte de Grasset,
son fils[1], de Montendre et de Cusagues beau-frère du précédent. Ces deux derniers escadrons faisaient plus de
soixante cavaliers ; en tout sept escadrons de cavalerie
rangés en bataille sous les ordres de Toiras[2].

Cinq d'entre eux devaient engager la bataille et rompre
les premiers rangs des Anglais ; l'infanterie devait les
suivre rapidement et tomber au centre des bataillons enne-

---

[1] Ayant pour lieutenant du Bouchet, l'escadron de Montferrier avait
pour lieutenant de La Boissière; celui de des Roches-Baritaut avait
pour lieutenant de Lessar.

[2] D'autres historiens disent huit escadrons.

mis, soutenue par derrière par les deux escadrons de cavalerie du baron de Montendre et de de Cusagues. Tels étaient les ordres donnés par Toiras.

Lorsque l'armée française se fut un peu approchée de l'ennemi, Toiras, voyant le moment et le lieu favorables pour livrer bataille, agita son mouchoir, signal convenu de l'attaque. Lorsque le premier escadron de choc fut en marche, Toiras se plaça à la tête des quatre autres, afin que l'on combattît en bon ordre.

Ces cinq escadrons partirent au pas, ensuite au trot, enfin au galop de charge. Tout à coup des détonations retentirent de toutes parts, dues à une salve d'artillerie qui jeta une telle épouvante et eut un tel retentissement que tout l'air en frémit et que plus d'un Français rompit les rangs et fut mis hors d'état de combattre avant même que d'avoir combattu. On ne voyait plus que cavaliers renversés et chevaux mutilés.

Les bataillons anglais n'en furent pas moins entamés avec force, la bataille fut engagée avec ardeur et les deux armées furent longtemps mêlées ensemble.

Les premiers rangs ennemis se rompirent, plièrent et, repoussés dans la mer, furent forcés de sauter à la nage.

La réserve ennemie voyant que personne ne venait appuyer la cavalerie française qui ne pouvait tenir davantage, reprit courage. L'infanterie française s'avançait péniblement, soulevant des nuages d'un sable mouvant qui paralysait toute agilité et empêchait de soutenir la cavalerie lancée à toute bride. Les Anglais se rallièrent donc voyant l'abandon dans lequel se trouvait notre cavalerie; le courage leur revint d'autant plus qu'ils se sentaient moins en danger, car parmi ces cavaliers qui avaient déjà entamé la lutte, dix à peine étaient en état de la recommencer.

Notre infanterie arriva enfin, mais les deux escadrons de cavalerie, qui avaient ordre de la soutenir, n'ayant pas reçu le signal arrivèrent trop tard. L'armée française cédant déjà de part et d'autre à l'arrivée de ces deux escadrons ceux-ci ne purent donner. Il en coûta beaucoup et il fut fort pénible à leurs officiers de n'avoir pu prendre une part active à ce combat.

Le premier bataillon d'infanterie, commandé par de Thibault, avait donné avec tant d'impétuosité qu'il avait fait reculer l'ennemi, officiers et soldats, dans l'eau jusqu'aux jarrets et l'avait poursuivi jusque dans ses chaloupes.

Le second, sous les ordres de de La Boissonnière, animé d'une semblable ardeur, combattit longtemps à l'épée et corps à corps mais personne ne venant à son secours en temps voulu, il perdit le fruit de sa bravoure et dut se retirer à regret sans avoir été vaincu.

Troublés de voir çà et là leurs chefs morts ou grièvement blessés, leurs compagnons d'armes massacrés avant même que d'avoir pu combattre, les Français s'étaient jetés au milieu de la lutte avec une fureur aveugle et avaient été décimés bien plus par les balles de mousquet tirées sur eux du haut des sabords ou des hunes des vaisseaux et par la mitraille des canons que par l'ennemi qui se trouvait devant eux.

De là, la nécessité où furent les Français de battre en retraite ; le lieu du combat était tellement avantageux et favorable aux Anglais que les Français, même vainqueurs, n'eussent pu y tenir.

Ils ne furent nulle part moins en danger dans ce combat qu'au milieu de la mêlée, tant ils eurent à souffrir de l'artillerie anglaise avant d'en être venus aux mains.

La cavalerie française perdit dans cette journée de Restencleyres, frère de Toiras, le baron de Chantal, de Navailles, de Causes, de La Lande, du Tablier, de Bussac fils, de Montaigne, de Savigny, d'Heurtebie, plusieurs autres gentilshommes et chevau-légers au nombre de soixante. L'infanterie perdit cent cinquante hommes. De

Baransac, blessé mortellement d'un coup de canon, mourut au bout de trois jours.

Du régiment de Champagne moururent les capitaines de La Boissonnière et de Condamines, le lieutenant du Tertre, les enseignes La Bastie et Maurillan. La Bauve porte-drapeau mourut aussi quelques jours après de ses blessures.

Presque tous les officiers qui survécurent avaient des blessures plus ou moins graves. On rapporte que les Anglais trouvèrent : « Que les Français étaient fous de s'élancer avec intrépidité malgré les balles, les boulets et la mitraille », comme s'ils se fussent sacrifiés, à l'instar des anciens Romains, aux mânes de leurs dieux.

La victoire néanmoins coûta cher aux Anglais et si nous comparons leurs pertes aux nôtres, ce fut une vraie victoire Thébaine pour nous.

Ils perdirent quinze officiers supérieurs ou capitaines, plusieurs lieutenants et enseignes, dont un drapeau nous resta, beaucoup de gentilshommes volontaires, mais aucun ne fut plus regretté que Saint-Blanckard du Languedoc qui avait été envoyé naguère comme ambassadeur en Angleterre par le duc de Rohan. Enfin, au dire des Anglais eux-mêmes, ils perdirent cinq ou six cents hommes tués ou noyés[1]. Le jour suivant on en eut la preuve en voyant le flot apporter sur le continent nombre de cadavres portant l'uniforme anglais.

Tout en voulant dissimuler leurs pertes, ils ne laissèrent pas de montrer cependant qu'elles avaient été très grandes, d'une part en ne poursuivant pas les Français dans leur retraite, d'autre part en ne voulant pas faire un pas en avant ni s'éloigner de leurs vaisseaux. Craignant que les Français ne revinssent à la charge le lendemain

---

[1] Chiffre confirmé par la pièce intitulée : *Lettre du sieur de La Millière au jeune Monbrun, trouvée parmy ses papiers le jour qu'il a esté mis à la Bastille.* 1627. (In-8º, 12 p., rare.). Bibliothèque de Nantes; la bataille de Sablanceau y est racontée par un gentilhomme français protestant faisant partie de l'armée anglaise. (N. d. tr.).

avec le reste des troupes, ce dont nos soldats les avaient menacés, les Anglais fortifièrent le rivage et s'y retranchèrent jusqu'à ce qu'ils eussent appris d'une façon certaine que la résolution de Toiras était de se retrancher dans le fort Saint-Martin et de ne plus livrer bataille.

Le lendemain, 23 juillet, Toiras envoya vers le duc de Buckingham un de ses pages accompagné d'un trompette, pour réclamer les corps de ses soldats morts dans le combat afin qu'on leur rendît les honneurs de la sépulture.

Buckingham consentit avec beaucoup de courtoisie, remit très religieusement les morts et, pour donner des preuves de sa munificence et de sa générosité, gratifia le page de vingt jacobus (monnaie d'or anglaise à l'effigie du roi Jacques Ier), le trompette en reçut dix.

Pour rivaliser de générosité, Toiras relâcha cinq prisonniers anglais après les avoir gratifié de cinquante pistoles.

D'Ambleville[1] vint alors reconnaître les corps des gentilshommes que leurs blessures avaient encore ennoblis. Ils furent transportés dans le fort Saint-Martin et inhumés dans la chapelle en grande pompe.

La flotte anglaise avait transporté dans l'île de Ré une armée de huit mille hommes d'infanterie et de cent hommes de cavalerie sous le commandement du duc de Buckingham.

---

[1] François de Jussac d'Ambleville, seigneur de Saint-Preuil.

CHAPITRE V

Manifeste de Buckingham

Buckingham, désormais confiant en ses armes et fier des forces dont il disposait (8.000 hommes et 100 chevaux), publia le 21 juillet, veille du jour de son invasion dans l'île, un manifeste au sujet de son expédition. Dans ce libelle, dont les termes sont empreints de cette morgue toute britannique, il s'évertue à démontrer que le Roi d'Angleterre a de très justes raisons pour déclarer la guerre.

Bien que ces raisons fussent aussi dissimulées, vaines et mensongères que contraires au droit, à la bonne foi et à la religion ; bien que les Anglais eussent, en un mot, pris les armes trop inconsidérément pour que les Français ne le fissent pas remarquer et ne fissent pas ressortir clairement l'injure et l'offense d'une telle déclaration de guerre, néanmoins, une réponse officielle à ce manifeste ne tarda pas à paraître, dans laquelle chaque article fut refuté point par point.

Je résumerai ici ces articles avec les réponses en regard, afin que chacun sache clairement sur quels droits les uns et les autres se sont fondés ; personne ne s'imaginera, je l'espère, que je sois l'auteur d'une seule de ces réfutations.

Je ne ferai que citer les principaux articles ; j'omettrai
ceux qui ne font que mettre en évidence l'ostentation et la
vanité de leur auteur ; ceux qui ne peuvent que lui attirer
la risée plutôt qu'une excuse valable ; ceux qui sont plus
justiciables du silence que de l'histoire[1].

I

« Les rois d'Angleterre, dit-il, ont de tout temps pris
une large part aux entreprises des protestants français,
mais les conseils de ces Rois ont été rejetés par ceux qui
avaient le plus d'intérêt à les écouter. »

A cet article l'auteur de l'anti-manifeste[2] répond :

R. « Si le roi d'Angleterre a agi ainsi, il n'a pas suivi
les traditions de franchise et les vertus de son père qui ne
voulut jamais favoriser ni laisser favoriser des rebelles
contre leur roi sous quelque prétexte religieux que ce
fût ; qui même ne voulut pas, quand il aurait eu cependant des raisons pour le faire, favoriser son propre gendre,
le comte du Palatinat contre son Empereur ; à qui rien
enfin, n'était plus pénible que de voir les puritains anglais en communion d'idées avec les protestants français. L'exemple de son beau-frère lui en fut une bonne
leçon et lui apprendra à se méfier des hasards changeants
de la fortune. »

II

« Le roi d'Angleterre aurait refusé, dit-il, des conditions très avantageuses, espérant que son mariage avec la
sœur de Louis XIII lui permettrait d'aider plus faci-

---

[1] Manifeste de Monseigneur le duc de Buckingham, général de
l'armée du Sérénissime roy de la Grande-Bretagne contenant une
déclaration des intentions de Sa Majesté en ce présent armement.
1627. Petit in-8°, 8 p., rare.

[2] Le surveillant de Charenton au duc de Boukinghan pour
examen de son manifeste ou procès-verbal du 21 juillet dernier.
1627. Petit in-8°, 24 p., rare (Anti-manifeste).

lement et plus puissamment le parti protestant français, en lui rendant ses franchises et son ancien éclat ; mais malgré les promesses réitérées du roi de France, il n'aurait pu obtenir pour eux ni liberté, ni sécurité, ni leur réconciliation avec les catholiques français, malgré les liens les plus étroits de l'affection et du mariage. »

R. « Le roi d'Angleterre veut sans doute parler du mariage d'Espagne désiré par ambition ? Or, personne n'ignore qu'il ait été négocié d'une façon aussi vive que dangereuse, mais, s'il s'agit du Palatinat, chacun sait qu'il a eu la main tellement forcée que, quand il dit l'avoir refusé dans l'intérêt des protestants de France, ceux-ci lui en doivent bien peu de reconnaissance.

« Il s'en faut de beaucoup en effet qu'il voulût favoriser et aider les protestants de France malgré son mariage recherché en France.

« Bien plus, d'après le traité conclu entre les deux rois, celui de la Grande-Bretagne promit solennellement au roi de France que les catholiques anglais auraient plus de liberté et de sécurité que jamais et, d'après les conventions faites avec l'Espagne, qu'ils ne seraient tracassés ni exposés à aucun danger, soit dans leur personne, soit dans leur fortune, en raison de leur religion. Quant aux promesses qu'il dit lui avoir été faites et n'avoir pas été tenues, il y sera répondu plus loin en temps et lieu.

« Lorsqu'il prétend que son roi n'a pu faire régner la paix en France, ce sont des paroles sans aucun fondement ; non seulement nous ne lui avons jamais demandé de la faire régner mais nous ne l'en avons jamais jugé capable.

« Il dit avoir fait un traité avec la France pour obtenir le maintien de la paix, mais ses actes le démentent ; la notoriété publique le réprouve ; les articles d'un traité parlent suffisamment ; d'ailleurs, il n'est ni habituel, ni rationnel que, contractant un mariage dans une famille plus illustre et plus puissante que la sienne, on ose exiger des condi-

lions ; il est plus juste au contraire d'en accepter de ceux
avec lesquels on désire s'attacher par les liens du mariage.

« Bien mieux, par plusieurs articles, et des principaux
du contrat de mariage, par écrits, par promesses spéciales,
il a été stipulé expressément et garanti manifestement,
que la religion catholique serait pratiquée, par la reine
d'Angleterre, sœur du roi de France, en toute liberté et
sécurité ; à ces promesses cependant, on a toujours contre-
venu et dérogé. »

Quant à l'ancienne splendeur du protestantisme français,
dont parle Buckingham, l'anti-manifeste ajoute : « De
quelle splendeur parlez-vous, qu'aucune histoire jusqu'à
présent ne mentionne, si ce n'est celle des incendies qu'il
a allumés dans sa fureur hérétique avec ses brandons de
discorde dans toute la France ? »

III

« Tant s'en faut, continue le manifeste, que le roi
d'Angleterre ait favorisé les réformés, bien qu'il ne reculât
pas devant la dépense que cette protection eut exigée ;
ceux-ci au contraire furent frustrés, on les détourna de
lui et lui d'eux ; ils conçurent pour lui de la haine et de la
suspicion et tout ce qu'il voulut faire en leur faveur devint
par ce fait inutile. »

R. « Buckingham avance ceci d'une façon générale et
en déduit ce qu'il précise plus loin par un exemple auquel
il sera répondu en temps et lieu ; comme preuve à l'appui,
il fait allusion aux navires anglais envoyés en aide au roi
Très Chrétien. »

IV

« Ces navires, dit-il, étaient loin d'être destinés à attaquer et détruire ceux des protestants de France puisque,

d'après la parole donnée au roi d'Angleterre, il avait été convenu qu'ils ne serviraient pas contre eux.

« Malgré cela dans le dernier combat naval[1] auprès de La Rochelle, ils furent employés contre les protestants. Le Roi d'Angleterre en fut profondément déçu ; cette injure lui fut trop vive pour qu'il n'en cherchât pas justice. »

R. « Voici par Dieu le plus fieffé mensonge s'il en fut jamais ! Le Roi d'Angleterre, ose-t-il dire, n'avait pas fourni ces vaisseaux pour s'en servir contre les Rochelais ? Que Buckingham dise donc alors pour quelle raison le roi de France les avait demandés. Il affirmerait bien n'importe quoi s'il le pouvait ; il n'y eut pourtant pas d'autre cause.

« Les faits d'alors, prouvent que c'est bien pour être utilisés contre les Rochelais que ces vaisseaux avaient été demandés par le roi de France et prêtés par le roi d'Angleterre ; tout le monde d'ailleurs le sut parfaitement.

« Si tu en doutes, o Anglais, souviens-toi de ce qui se passe alors : Quand ces vaisseaux anglais arrivèrent à Dieppe, les commandants et les équipages, détournés de leur entreprise par les protestants de cette ville, revinrent en Angleterre, refusant leur concours contre les Rochelais.

« Le marquis d'Effiat, notre ambassadeur en Grande-Bretagne, qui avait obtenu ces vaisseaux et n'ignorait pas leur destination, se plaignit au roi d'Angleterre de leur retour et réclama de suite leur renvoi en France. Celui-ci, se souvenant de sa promesse et sachant ce qui avait été

---

[1] Allusion au combat naval qui eut lieu le 16 septembre 1625, en la rade de Saint-Martin et fosse de Loix, où la flotte royale française (composée de vaisseaux français, anglais et hollandais), sous les ordres de Montmorency, fut victorieuse de la flotte protestante rochelaise commandée par Jean Guiton.

décidé, fit deux milles en mer au-devant de ces vaisseaux et ordonna aux commandants de retourner avec leurs équipages se mettre aux ordres du roi de France et de ses officiers; il les autorisa toutefois à quitter leur poste si le roi de France voulait mettre à leur place des marins français.

« En agissant ainsi le roi d'Angleterre montra qu'il tenait à ce que les promesses faites par le roi son père au roi de France, par lettres du 9 février 1624, fussent observées et accomplies religieusement ; afin que tu n'en doutes pas, o Buckingham, lis donc cette lettre pleine d'amitié et de bonne foi que le roi Jacques Ier écrivit au roi de France Louis XIII et dont l'original est conservé au trésor des Chartres.

« *Très haut, très excellent et très puissant Prince, notre très cher, très aimé frère, cousin et ancien allié.*

« Le roi Henri IV votre prédécesseur d'excellente et éternelle mémoire fut à bon droit appelé Henri-le-Grand pour avoir conquis, par ses victoires, le royaume de France qui lui revenait cependant comme son propre patrimoine; vous aujourd'hui vous remportez une victoire beaucoup plus grande et plus digne encore que celles de vos ancêtres.

« Votre honoré père, illustre conquérant de la France, obtint en effet un pouvoir qui lui revenait par droit de conquête d'une part, par droit d'héritage d'autre part, il n'obtint donc par ses victoires que ce qui lui appartenait déjà.

« Votre victoire est plus grande encore que la sienne puisque, grâce à vos deux dernières lettres pleines d'amitié et de courtoisie, vous avez conquis, autant par vos bons offices que par votre affection, et le roi d'Angleterre votre très cher frère et ancien allié, et tous ses états.

« Nous nous reconnaissons conquis par votre affection

toute fraternelle, au point que nous nous sentons incapables de sentiments aussi élevés. Qu'il nous soit donc au moins permis de promettre de bonne foi que vous pouvez avoir recours non seulement à nos forces et à nos états mais aussi à nos cœurs, à nos personnes, à notre cher fils, tant que cela sera nécessaire, ce dont Dieu nous préserve, mais ce que nous ferons toutefois de tout notre cœur et de toutes nos forces.

« En attendant, nous vous prions de croire que nous serons toujours loin d'aimer et favoriser ceux de vos sujets, quelle que soit leur religion, qui manqueraient à leur devoir envers vous.

« Si même nous venions à avoir connaissance de quelque fait de ce genre, nous nous ferions un devoir de vous en avertir aussitôt.

« Vous pouvez disposer de nous en cela comme en tout ce qui touche la dignité de votre royaume ou de Votre Majesté car, en cette circonstance, nous agirions comme s'il s'agissait de notre propre cause, vous pouvez en être certain.

« Et sur cette certitude que vos intérêts seront toujours les nôtres, nous prions Dieu, très haut, très bon et très puissant prince, notre très cher et très aimé frère, cousin et ancien allié, de vous avoir toujours en sa perpétuelle et sainte garde.

« Votre très affectionné frère, cousin et ancien allié,

« Jacques R.

« de Newmarquet, le 9 février 1624. »

Sur l'adresse :

« *Au très haut, très excellent et très puissant Prince, notre très cher et très aimé frère, cousin et ancien allié, le Roi très chrétien.* »

La lettre était revêtue du sceau aux armoiries du roi de la Grande-Bretagne.

« Oseras-tu prétendre maintenant farouche auteur du manifeste, que la flotte d'Angleterre, envoyée comme renfort à celle du roi de France, n'ait eu d'autre but que l'accomplissement de vœux paternels, de promesses royales ?

« Ce droit des traités, cette amitié mutuelle entre ces deux rois qui les revendiquaient, n'étaient-ils pas notoires alors ? »

V

« Mon roi, disait Buckingham, n'a pas voulu agir par la force et les armes; il fit récemment, qui plus est, des démarches pour la paix à des conditions loin de lui être avantageuses.

« A de telles conditions, la paix n'eut certes pas été accordée aux réformés sans son intervention et son crédit auprès d'eux.

« Il dut même les menacer pour que l'honneur et la réputation du roi de France fussent à couvert et intacts, leur donnant sa parole que non seulement ces conditions seraient tenues mais qu'elles seraient améliorées plus tard. »

R. « Tout cela, dit l'anti-manifeste, est faux. La vérité est que, lorsqu'il s'est agi de négocier la paix en janvier et février 1626, le comte de Hollande et Carleton, envoyés d'Angleterre pour ce motif à Paris, se trouvèrent à la cour en même temps que les envoyés de La Rochelle et d'autres provinces. Ceux du duc de Rohan qui plus est y vinrent aussi faire leur soumission et offrir des conditions de paix.

« Pendant leur séjour à la cour de France, les ambassadeurs d'Angleterre se permirent de fréquentes conférences avec les délégués protestants, implorèrent les ministres en faveur de ceux-ci et intercédèrent plus d'une fois pour eux.

« Ils savaient pourtant combien il est dangereux à des étrangers de se mêler des affaires des autres car ces étrangers sont toujours prompts et enclins à abuser de démarches si on n'y met un frein ; ils n'ignoraient point non plus combien il est important pour un État que personne n'intervienne entre le roi et ses sujets, si ce n'est pour implorer la Majesté royale ou demander grâce pour ces derniers.

« Le roi, d'après son conseil et sa propre volonté, chargea le duc de Chevreuse et l'évêque de Mende d'avertir le comte de Hollande et Carleton que, s'ils se mêlaient de vouloir organiser la paix, lui, la refuserait ; qu'il les approuverait au contraire si, pour faire réfléchir les Rochelais, ils les prévenaient que l'Angleterre joindrait sa flotte à celle de France pour les contraindre à l'obéissance vis-à-vis de leur roi.

« Ceci leur fut répété par le duc de Chevreuse, l'évêque de Mende et même par le cardinal de Richelieu ; les députés Anglais, loin de s'y opposer, transmirent ces paroles textuellement aux députés de La Rochelle, des autres villes et des provinces. C'est à cela que fait allusion le manifeste quand il dit que le roi de la Grande-Bretagne menaça les protestants s'ils n'acceptaient pas les conditions de paix de la part de Louis XIII. »

VI

« On avait promis, disait Buckingham, de détruire le fort Louis élevé devant La Rochelle, au lieu de le détruire on construisit de nouveaux forts[1] ; on avait promis d'enlever les garnisons, au lieu de les enlever on les renforça ; enfin on avait retenu les commissaires à La Rochelle au-delà des limites fixées.

« Ne sont-ce point là, disait-il, des injures, des vio-

---

[1] Forts des îles de Ré et d'Oléron.

lations de promesses, des causes de querelles et d'entremises ? »

R. L'anti-Buckingham à ces mots, s'exhalte ainsi :
« Ne sont-ce pas là les paroles d'un grand prince donnant
des ordres à ses sujets ? Je voudrais que le roi d'Angleterre déclarât de quel droit il s'interposerait ainsi entre
Louis XIII et ses sujets, entre le roi de France et les protestants français.

« Il y aurait plutôt lieu de rire de ces paroles que d'y
répondre. A chacune cependant il est plus juste et plus
digne de donner une réponse afin de faire mieux ressortir ce
que le manifeste a de faux dans ses magnifiques arguments.

« Ce qu'il avance au sujet de la démolition du fort Louis
et autres forts n'a jamais été promis ; bien plus, il a été
écrit en toutes lettres que le roi ne pouvait ni ne devait
le promettre.

« En effet, le sixième article du traité de paix donné
par le roi de France aux réformés le 5 février 1626 porte
ces propres paroles : Le roi ne peut ni ne veut accorder la
démolition du fort Louis réclamée par les Rochelais. Il
promet néanmoins, en toute bonté et clémence, que les
garnisons qu'il destine au fort Louis et aux forts des îles
de Ré et d'Oléron ne causeront aucune entrave, aucun
danger pour le commerce ou les commerçants Rochelais,
tant que ceux-ci se conformeront aux lois, à la constitution
établie et aux coutumes du Royaume ; il en sera ainsi de
la jouissance des biens qu'ils ont dans leur ville ou dans
les îles.

« Quant aux commissaires, qui auraient été retenus à La
Rochelle plus que de raison, non seulement cela est faux,
mais il est de toute ingratitude de méconnaître combien le
roi observa scrupuleusement ses promesses et même les
amplifia.

« Il avait été convenu qu'il délèguerait un commissaire ;
il délégua en effet Le Doux, son maître des requêtes ;

sollicité plus tard, par les députés de La Rochelle, d'en accepter un second qui fut protestant, le roi accéda très volontiers à leurs prières, pour leur montrer, par tous les moyens, sa bienveillance envers eux, sans toutefois fixer de terme à sa délégation, comme le prouve l'article second du traité de paix ainsi conçu :

« Les Rochelais prendront un commissaire ayant pour « mission de faire exécuter et affermir les conditions de la « paix, il restera à La Rochelle tant qu'il plaira à Sa « Majesté. »

« Que l'univers entier juge à présent, dit l'anti-manifeste, si les termes outrecuidants du manifeste ne sont pas dictés par l'insolence et la mauvaise foi. Que Buckingham juge lui-même si son roi n'a pas, d'après les menaces qu'il déclare avoir faites aux réformés, uni ses forces à celles du roi de France pour faire exécuter les promesses faites par les protestants de La Rochelle de rétablir le conseil, le gouvernement de la ville, de restituer les biens des ecclésiastiques et autres catholiques et enfin de laisser pratiquer librement à ces derniers leur religion comme par le passé.

« N'oublions pas, non plus, que si les Anglais ont aidé les réformés de France à la conclusion de la paix, ce ne fut pas pour leur tenir parole (ce qu'ils prétendent aujourd'hui avec une audace encore pire que leur mensonge, comme le prouvent d'ailleurs la notoriété publique et les faits), mais parce que, selon les décisions néfastes, prises secrètement entre eux, ils jugèrent cette intervention avantageuse à leur conspiration.

« Les plus funestes de leurs desseins furent de soudoyer le duc de Rohan pour qu'il hâtât l'armement des conjurés qui n'étaient pas encore prêts et de demander la paix pour que la France déposât les armes, tandis que les Anglais se prépareraient à la guerre ; d'autre part dès que l'Angleterre, les peuples voisins et l'armée du duc de Rohan (pour laquelle celui-ci donna sa femme et sa fille en otages, illustres gages de sa bonne foi), seraient prêts, il ne manquerait pas de causes de renouveler la guerre, de pousser les réformés de France aux armes, de soulever les provinces et d'envahir le royaume de toutes parts.

« Pour obtenir ce résultat, ils s'efforcèrent pendant cette fausse paix :

« 1° De rechercher les causes les plus vives de querelles afin que tous les esprits soient hantés par l'idée d'un appel aux armes d'un moment à l'autre.

« 2° De harceler sur mer les vaisseaux du roi de France pour les obliger à se venger et, dans cette vengeance, trouver une cause d'offense et de rupture. Or ils n'agirent pas autrement et mirent tout en œuvre pour y parvenir ; à cela l'anti-manifeste donne, comme preuve, la démarche sans succès de l'ambassade de Bassompierre à Londres. »

VII

« Le roi d'Angleterre, ajoute le manifeste, n'a pas pris les armes à cause de la capture de ses vaisseaux à Blaye, de diverses places enlevées, de provinces occupées, de la rupture du traités de commerce, de la crainte du roi de France et de l'accroissement excessif de ses forces maritimes, ni enfin du désespoir de trouver des arrangements.

« Cette rupture du traité de paix, dit-il, non seulement ne cause à ses sujets aucun dommage mais est tout à leur avantage ; sa puissance sur mer étant extrême ses sujets, même sans le secours de leur roi, n'ont rien à redouter de la France.

« Il n'a tenu qu'à lui, dit-il, d'ouvrir les négociations, car il y avait été engagé à l'instigation des ministres du roi de France et sollicité très vivement par deux princes étrangers mais il ne s'est pas laissé convaincre. »

*

R. A ceci l'antimanifeste répond : « Assurément il y a apparence de vérité en ces paroles ; bien plus, l'Anglais dit vrai lors qu'il déclare n'avoir pas pris les armes à cause de la capture qui fut faite de ses vaisseaux à Blaye ; en effet cela fut dit et est d'autant plus facile à croire que le duc de Luxembourg lui-même avait agi ainsi à cause des nombreuses captures exercées par les Anglais sur la marine française, sans qu'il en eut été fait justice et bien qu'on leur eut rendu 45 des plus grands navires arrêtés à Blaye.

« Mais, dit-il vrai quand il ajoute qu'il a pris les armes sans violation des conventions et des traités, lui qui les avait violés tous et en avait été le premier délinquant, en laissant exercer la piraterie de ses sujets sur nos navires ; en rompant le contrat de mariage, lien le plus saint, le plus grand et le plus sacré des sociétés humaines ; en interdisant le commerce avec la France ; en faisant confisquer les vaisseaux de la marine royale et marchande trois semaines avant que le roi de France interdit tout commerce avec les Anglais ; il dit que la rupture fut avantageuse à ses sujets parce qu'il l'effectua lui-même. Les pirates, en effet, ne peuvent plus vivre pendant la paix !

« Soit ! Le roi d'Angleterre est le plus puissant sur mer, je le veux bien, mais je préférerais que, comme Agésilas, il fut le plus juste. Quelle vanité ne met-il pas à faire jactance de ses forces, en parlant du début de la présente guerre ; quels enseignements va nous donner le triste résultat d'une telle expédition ?

« Le jour de la vengeance céleste sonnera ; la puissance suprême du Dieu tout-puissant s'exercera sur les rois eux-mêmes ; elle les abaissera car elle hait les orgueilleux ; elle renversera les efforts impies des Anglais et ne laissera pas impuni une si grande arrogance vis-à-vis des Français ni une si grande perfidie.

« Quant à la conciliation dont il parle, conciliation qui lui aurait été proposée par le roi de France lui-même, par ses ministres, par des princes étrangers et qu'il aurait refusée, cela est faux; si cela était vrai, son affirmation ne serait même pas de bonne foi et ne prouverait même pas qu'il fût traître de bonne foi.

« Tant s'en faut qu'il soit logique avec lui-même ou qu'il prouve qu'il a été sollicité, comme il le dit si bien, par notre roi, ses ministres ou tout autre. Le duc de Savoie et la République hollandaise savent fort bien ce qui leur fut dit par le roi de France et ce qui lui fut répondu, à savoir : que l'audace du roi d'Angleterre et la rébellion de ses sujets sont si visibles que notre roi décida de repousser les paroles de paix avant de les avoir entendues, tandis qu'après leur départ et la soumission des rebelles de son royaume il aurait prêté volontiers l'oreille à leurs propositions. »

VIII

Buckingham conclut ainsi :

« Le roi d'Angleterre n'a d'autre intérêt ni d'autre cause de faire la guerre que d'apporter aide et protection aux protestants de France car il est leur protecteur, leur libérateur et leur chef en religion.

« Sa volonté est qu'ils recouvrent leurs anciens droits; son intérêt exige que le bonheur et la justice leur soient rendus; son seul but est leur satisfaction et l'accomplissement de leurs vœux. »

R. Ainsi conclut l'anti-manifeste :

« Cet article se passe de commentaires puisque les protestants de France eux-mêmes n'y crurent pas. Il arriva à ton roi, o Anglais, que, déçu dans son espoir, il ne trouva ou n'obtint aucune confiance de la part des réformés de France dont la plupart trouvèrent, par leur soumission à leur propre roi, plus de secours et d'espoir dans sa clémence que leur rébellion n'en aurait trouvé dans les promesses de ton roi. Témoins jadis les Français de Calais, du Havre, de La Rochelle, victimes de la bonne foi, des violences et des cruautés des Anglais.

« Les bruits qui coururent en France, les réflexions des officiers dans les camps, les paroles des soldats de la flotte, les allées et venues de Montaigü et ses correspondances, les différentes conspirations, les réunions secrètes etc. le prouvent assez péremptoirement.

« Jamais on ne croira que des conjurations ourdies avec les princes catholiques fussent utiles et avantageuses aux protestants, à moins d'être agité par le délire des séditions, ennemi du repos, de la paix, de l'ordre, du meilleur gouvernement, de la tranquillité de l'Etat, de la puissance monarchique ; à moins d'être partisan des guerres civiles, désireux des ruines d'un royaume, susceptibles de favoriser les intérêts particuliers, d'être, en un mot, selon leur expression, de vrais guetteurs d'anguilles.

« En se disant obligé de soutenir les protestants de France, de venger leur liberté, le roi d'Angleterre n'observe pas le traité conclu avec le roi de France, mais agit d'après des pactes, des conventions factieuses dont les réformés ont pris l'initiative contre toute espèce de droit.

« Par ce fait, le roi d'Angleterre a manqué vis-à-vis du roi de France, son beau-frère, à la parole donnée lors du contrat de mariage et les réformés de France ont commis un crime de lèse-majesté tant au droit des nations qu'au droit français et aux résolutions de leurs assemblées telles que celle tenue récemment encore à Montauban. »

Enfin pour ne pas m'attarder à rappeler tous les griefs du manifeste et les répliques de l'anti-manifeste, je terminerai par les paroles de ce dernier :

« Les voici donc les fameuses causes de cette si juste guerre, débutant par l'irruption insidieuse et perfide dans une île, d'une armée prête, si les événements sont favorables, à faire irruption dans la France tout entière.

« La voici cette guerre, si l'on juge sainement, entreprise sans raison valable avant même que d'avoir été déclarée, d'où vont enfin surgir les réels desseins, les desseins criminels de ceux qui l'ont provoquée.

« Mais assez parler de l'auteur de cette guerre impie, quel qu'il soit et du manifeste. Par la justice et par les armes, Louis le juste protégera et conservera intacts ses droits, son île de Ré, son fort Saint-Martin, son royaume et, le Ciel aidant sa juste cause, remportera la victoire sur un ennemi aussi injuste que la guerre qu'il a portée. »

C'est ainsi que l'anti-manifeste luttait contre le manifeste, c'est ainsi que le Français et l'Anglais croisaient la plume comme on croise le fer et combattaient avec les paroles comme on combat avec les armes.

Après ces combats de plume, arrivons aux combats des armes, par le récit des faits et gestes des armées française et anglaise à l'île de Ré.

NOTA. — Outre l'anti-manifeste dont Isnard cite les principales réponses aux articles du manifeste, plusieurs autres réponses et critiques parurent alors sous les titres suivants :

— *Ménipée de Francion* ou response au manifeste Angloys. Paris, 1627, chez Jean Bessin, rue de Reims, petit in-8º, 16 p., rare.

— L'*anti-anglois* ou responses aux prétextes dont les Anglois veulent couvrir l'injustice de leurs armes avec une remonstrance à Messieurs de la Religion pret. réf. de L, par M. L. Trincant, procureur du roy aux sièges royaux de Loudun. A Poitiers, par Julian Thoreau, imprimeur ordinaire du Roy et de l'Université. Petit in-8º, 40 p., 1628, rare (avec permission).

— Le *Fidèle François* au roy d'Angleterre touchant l'injustice de ses armes contre la France. A Paris, chez Jacques Brisson, au mont Saint-Hilaire, petit in-8º, 16 p., rare (anonyme).

— Le *dessein de l'armée anglaise descouvert* ou le Franc Gaulois parlant au favori désespéré avec la déclaration que le roy leur a faite. A Paris, chez Jean Guillemot, 1627, in-8º, 14 p., rare (anonyme).

— *Comédie ou Dialogue de Philène et de Sylvie*. 1627, in-12, rare V. Bibl. du P. Lelong).

CHAPITRE VI

Préparatifs de défense du fort Saint-Martin, organisés par Toiras

Le fort Saint-Martin était en construction depuis treize mois conformément aux ordres du roi. Toiras alors gouverneur de l'Ile de Ré dirigeait ces travaux, grâce au concours de l'architecte d'Argencourt, à l'entreprise de Le Camus et aux frais du trésor.

D'après les plans et les témoins oculaires que j'ai consultés, telle est la description de ce fort :

Carré, à angles et côtés égaux, ceux-ci longs d'environ 160 mètres, les 4 angles flanqués de bastions nommés « bastions du roi, de la reine, de Toiras et d'Antioche » ; les deux bastions sud font face à l'île ; les deux bastions nord font face à la rade et au port ; les bastions du roi et de Toiras font face au bourg Saint-Martin ; ceux de la reine et d'Antioche font face à La Flotte, à La Prée et au pertuis d'Antioche.

Les quatre faces ou front du fort, d'une longueur de 110 mètres environ, se terminent par un angle équilatéral, appelé angle du bastion, pouvant contenir canons et combattants.

Le bastion de Toiras est le seul qui ne soit pas encore complètement muni d'une escarpe, de couronnements en pierre, de parapets, de palissades[1] et de gabions; quant aux faces du fort ou courtines elles en sont encore incomplètement pourvues; leur étendue, d'un bastion à l'autre est de 90 mètres.

Sous les murs du fort sont des fossés de profondeur variable, selon la disposition et la composition du sol ; ils sont encore encombrés de matériaux accumulés pour le revêtement des murs ; leur longueur varie de 20 à 40 mètres.

Vis-à-vis des 3 courtines qui font face à l'île, sont des ouvrages coudés nommés demi-lunes, destinés à les protéger ; les faces de ces demi-lunes ont 100 mètres, elles sont bordées également de fossés de même longueur.

Vers le milieu des fossés s'élève un petit ouvrage en terre encore dépourvu de son revêtement de pierre et de son parapet ; la terre qui a servi à l'élever provient du nivellement des fossés ; cet ouvrage porte le nom de fausse-braie.

Cette fausse-braie est destinée à protéger les assiégés et à faire obstacle aux assiégeants lorsque ceux-ci occupent les fossés ou lorsque les fossés sont envahis de décombres dûes aux brèches faites aux murs par le canon.

Les murs du fort sont munis d'une escarpe et ceux des chemins couverts d'une contre-escarpe.

Le fort a deux portes, l'une s'ouvrant au nord, entre le bastion du roi et celui de Toiras, faisant face à Saint-Martin ; l'autre à l'est, entre le bastion de Toiras et celui d'Antioche, faisant face à la mer.

Les portes, loin d'être terminées et fermées, peuvent donner accès à trente hommes de front.

Toiras, qui n'avait jamais eu plus de confiance dans la durée de la paix qu'au serment donné par le roi d'Angle-

---

[1] Les épieux des palissades provenaient de la forêt de Benon appartenant à l'abbaye de la Grâce-Dieu, de l'ordre de Citeaux, comme l'abbaye de Ré. Celle-ci fut démolie en 1625, et ses matériaux servirent, non loin de là, à la construction du fort La Prée.

terre, lors de son mariage avec la sœur du roi de France, avait mis tout en œuvre pour faire activer la construction du fort et son aménagement.

Il savait tellement inspirer le courage à ses soldats qu'aucun d'eux ne doutait d'un prochain succès dans la défense et la conservation du fort, à condition toutefois que de leur côté le roi et ses ministres missent autant de prévoyance dans les envois de vivres et de renforts.

Que les vivres viennent à manquer, que le siège vienne à se prolonger, chacun est prêt à se sacrifier pour son devoir et son roi. Toiras peut compter sur chacun des soldats de la garnison, le courage ne fera pas défaut, quoi qu'il en soit la force humaine a ses limites bien qu'elle soit en effet meilleure que toutes les armes et munitions.

Les munitions de guerre du fort se composent de cent mille livres de mèches à feu, soixante-dix à quatre-vingt mille livres de poudre, quinze mille boulets, quantité de canons de tout calibre, d'armes, de pelles, de pioches, d'épieux, de hottes, en un mot de tout un attirail de guerre et de siège.

La garnison du fort se compose des compagnies du régiment de Champagne (sauf celles qui ont été laissées au fort Louis et au fort La Prée, nous en avons parlé précédemment), de l'escadron de chevau-légers de Toiras ainsi que des gentilshommes volontaires dont le chiffre a déjà été indiqué.

A un si grand nombre de bouches, le bourg Saint-Martin fournissait amplement le nécessaire, mais jusqu'alors dans le fort même il n'y avait qu'un muids de vin, peu de viande, vingt jours de pain seulement et deux mois de biscuit.

Pendant ces préparatifs d'armement et d'achèvement du fort, l'armée anglaise soit par nécessité soit pour jouir de sa victoire, soit enfin par ignorance de sa réussite, campe et se fortifie sur le rivage de l'île.

L'ennemi craint-il un second combat le lendemain ?
Est-ce un vrai dessein de la Providence qui le cloue
ainsi sur le rivage pour donner aux nôtres le temps de
reprendre courage, d'achever les travaux du fort enfin qui
permet les malheurs d'une guerre qui sera funeste à ses
auteurs ?

Eux qui l'avaient entreprise croyant qu'elle favoriserait
leurs funestes desseins et qu'en cette île surgirait le cratère
d'un nouveau volcan qui, au lieu de laves comme l'Etna,
vomirait les feux d'une guerre civile sur la France tout
entière !...

25 juillet. — Trois jours après leur invasion dans l'île,
les Anglais se décident à approcher de Saint-Martin ; leur
atermoiement avait fait grand bien à Toiras ; s'ils avaient
su en effet profiter du premier succès de leur invasion, ils
auraient marché directement sur le fort Saint-Martin et
n'auraient pas eu de peine alors à s'en rendre maîtres
après s'être préalablement emparés en trois jours du fort
La Prée ; ils auraient enlevé ainsi tout espoir aux Français
de secourir ces forts et seraient devenus les maîtres de
l'île entière.

Ainsi s'enfuit le moment favorable qui, une fois manqué, ne peut plus se retrouver ; un rien suffit pour faire
évanouir les plus heureuses occasions, tant il est vrai de
dire que, dans la guerre surtout, d'un seul instant dépend
souvent les conséquences les plus importantes.

La rapidité de la poursuite du vainqueur en effet est
terrible pour son ennemi et prépare la victoire décisive
lorsque ce dernier n'a pas le temps de s'organiser pour la
défense. Savoir se rendre maître d'une situation avantageuse prouve le talent d'un général et lui attire les éloges
de tous.

Le grand arbitre des choses de ce monde qui permettait déjà que les Anglais marchassent à leur ruine, permit
encore ici qu'ils agissent contrairement à la raison ; ils se

confiaient d'ailleurs trop .en eux-mêmes pour agir sagement.

Pendant ce délai, Toiras n'avait pas perdu un seul instant. Il avait fait apporter dans le fort une grande quantité de vin et de vivres du bourg Saint-Martin, pour nourrir pendant deux mois les deux cents volontaires.

Pourquoi ne put-il pas agir ainsi pour le reste de la garnison ? La confusion due à la précipitation ne permit pas de penser à tout, contrairement à ce qui a lieu lorsqu'on agit avec calme et réflexion ; il en résulta que dès le début du siège on fut obligé de rationner le soldat pour le pain, l'eau et le beurre.

On ajouta un second moulin au fort, le premier eut été insuffisant. On laissa dans le bourg une grande quantité de vivres, de fournitures de literie, etc. qui eussent été d'une grande utilité au soldat et dont la privation dans la suite fut si préjudiciable aux malades et blessés.

On laissa les deux pharmacies à Saint-Martin, alors que les malades souffrirent du manque de remèdes ; on oublia bien d'autres choses et surtout le vin, dont le soldat manqua presque tout le temps du siège, tandis que les celliers de l'île en regorgeaient ; les deux plus grandes richesses de l'île, le vin et le sel, vont manquer aux assiégés pendant la durée du siège.

On put faire entrer dans le fort des bœufs, des moutons et tout ce que le peu de temps, l'approche d'un siège, la perspective de combats imminents avaient permis de se procurer et rendaient indispensables.

On ne put malheureusement faire davantage car, dans une telle précipitation, il fut impossible de se procurer le nécessaire, même d'y penser.

26 juillet. — Dès que Buckingham vit que les Français s'étaient retranchés dans le fort, préférant le défendre que de combattre en rase campagne, il leva son camp, fit avancer son armée divisée en huit bataillons, l'artillerie en tête, la cavalerie aux ailes, et marcha droit à Saint-Martin.

L'armée anglaise fit halte deux fois dans cet ordre de bataille.

Toiras, voulant entraver leur marche par des escar-mouches, envoya cinquante volontaires et chevau-légers et quarante mousquetaires, sous les ordres d'un sergent de bataille, soutenus par cent hommes d'infanterie sous le commandement du capitaine La Clédie. Cette troupe essaya de prendre contact avec l'armée anglaise mais l'avant-garde de l'ennemi refusa de combattre autrement qu'en masse.

Arrivé à Saint-Martin [1], Buckingham s'en empara sans la moindre résistance, Toiras ayant jugé inutile de défendre cette petite ville, sa défense en effet n'eût servi qu'à sa ruine.

[1] Saint-Martin n'avait alors d'autre fortification que son fort ; ses rues s'ouvraient directement sur la campagne environnante.

BIBLIOGRAPHIE. — *Récit véritable touchant l'estat présent de l'isle de Ré* et arrivée des flottes d'Espagne et de Dunquerque ; ensemble une lettre faisant récit de la défaite et honteuse mort du frère de Bouquingan, de cinq capitaines anglois et nombre de soldats. Paris, 1627, petit in-12, rare, 16 p. ; chez Jean Brunet.

— *Déclaration du roi contre le sieur de Soubise* et autres adhérants au party des Anglois ; charte donnée à Villeroy et publiée en parlement. A Paris, par A. Estienne, P. Mettayer et C. Prévost, imprimeurs ordinaires du Roy. 1627, petit in-12, rare, 16 p., avec privilège de sa majesté.

CHAPITRE VII

Préparatifs de ravitaillement organisés par Richelieu

Laissons un moment le duc de Buckingham dans Saint-Martin préparer pour un siège ses forces et ses plans et racontons, dans l'ordre chronologique, les secours qui furent organisés et dirigés sur le fort par l'illustre cardinal de Richelieu tant que dura la maladie du roi et par celui-ci dès qu'il fut guéri ; disons le zèle et la sollicitude de Louis XIII et de son premier ministre dans cette entreprise gigantesque ; disons enfin en détail tout ce qui s'est passé chaque jour tant au dehors qu'au dedans de l'île.

Ce fut au plus fort de la maladie du roi que l'on apprit à la cour la descente des Anglais en Ré ; cette nouvelle fut apportée par un courrier du marquis de Brézé, gouverneur de Brouage, mais, sur l'avis des médecins et du conseil, Marie de Médicis résolut de cacher cette nouvelle à son fils pendant sa maladie.

Entre les mains de Richelieu dont le roi appréciait tant l'expérience, la bonne foi et la prudence, le char de l'État était en sûreté. Il fut dirigé avec tant de vigilance et de diligence qu'après sa guérison, le roi, apprenant les faits et gestes de son ministre, ne put, malgré le péril qui menaçait encore le royaume, résister au désir de lui en témoigner toute la satisfaction qu'il en éprouvait.

27 juillet. — A la nouvelle de l'arrivée en France de la flotte et de l'armée anglaise, Richelieu (le trésor étant vide) remet lui-même trente mille livres à un courrier qu'il envoie au Havre, avec ordre de faire armer de suite cinq vaisseaux du nom de dragons, suivant les instructions du ministre de la marine.

Il envoie des courriers à Olonne, Brouage [1] et ports voisins, avec ordre de mettre tout en œuvre pour faire parvenir au fort Saint-Martin farine et biscuit.

28 juillet. — Il dépêche un courrier en Espagne auprès de notre ambassadeur, M. du Fargis, pour lui dire que Louis XIII accepte de suite les vaisseaux mis à sa disposition par le roi d'Espagne pour protéger les côtes de France et chasser les ennemis de l'Ile de Ré.

Il envoie M. de Tourelle à Saint-Malo avec mission de faire armer de suite trois vaisseaux pour la flotte que l'on prépare.

Tandis qu'à Villeroy le roi revient à la santé, M. de Beaumont, officier de sa maison, maître de camp d'un régiment portant son nom et grand ami de Toiras, est désigné pour lui porter secours sur l'avis de l'évêque de Nîmes, son frère, et de ses amis ; l'ordre parvint le 5 août à M. de Beaumont [2] d'avoir à préparer un convoi de secours sur les côtes d'Aunis et de s'y rendre sans délai ; mais des raisons de famille le retinrent jusqu'au 30.

Richelieu remet trois mille livres sur le trésor à Bigotteau, marchand munitionnaire, très dévoué à Toiras, très connu sur les côtes d'Aunis par son crédit auprès des marins en fait de fourniture de vivres, afin qu'il se rende de suite sur ces côtes.

Il envoie également l'abbé de Marsillac sur les lieux mêmes, jugeant dans son génie que, pour le salut de l'état,

---

[1] Anciens ports de mer, aujourd'hui à une lieue du littoral.

[2] Comme il est dit en détail à cette date.

on ne saurait trop faire ; appréciant beaucoup dans cet abbé la prudence, la bonne foi et l'esprit entreprenant, il lui enjoint de consacrer tout son talent, son adresse et son zèle à recueillir à tout prix, dans les localités maritimes situées depuis Olonne jusqu'à Chef-de-Baie[1], farine, biscuit et marins déterminés à faire passer ces vivres aux assiégés.

Il envoie en Bretagne Molière, lieutenant d'artillerie, pour se procurer onze pièces de canon de fonte auprès de divers fournisseurs et les faire placer sur la flotte que l'on prépare ; il lui donne sur sa caisse, à cet effet, la somme de huit mille livres destinée à cet achat prévu depuis six mois ; il le charge en outre de faire parvenir de suite deux navires tout armés dans le port de Saint-Malo pour les joindre à ceux de M. de Tourelle.

29 juillet. — Il envoie **M.** Sauve, commissaire de marine, à Bayonne, pour acheter des pinasses, chaloupes légères et rapides allant à la voile et à la rame ; il lui remet trois mille livres à cet effet, ainsi que des lettres de crédit pour l'intendant de la marine à Bayonne et l'ordre d'être de retour à Olonne le 20 août avec ces embarcations.

Il écrit au comte de Grammont, gouverneur du Béarn et de Bayonne, de tout préparer pour l'achat et l'armement de ces pinasses, lui disant qu'il en serait indemnisé sur son propre crédit, le priant enfin de vouloir bien donner à ces embarcations un capitaine de son choix, dans le cas où du Chalard, commissaire des guerres et capitaine de navire envoyé en Espagne par le Roi, ne serait pas de retour à temps pour prendre le commandement de cette flottille.

Sur l'avis de Richelieu, le roi, en conseil, désigne Pompée-Targon, maître de l'artillerie, habitué à la mer et aux côtes de ces îles, pour aller à son camp de la Rochelle,

---

[1] Et non Chef-de-Bois, comme certains le disent à tort (note d'Isnard).

afin de favoriser par tous les moyens possibles le passage d'un convoi de vivres dans le fort Saint-Martin.

Sur l'ordre du roi, Richelieu envoie l'évêque de Mende[1] au Havre, après lui avoir remis six mille pistoles, pour faire sortir de ce port les navires déjà commandés et leur procurer tout le nécessaire pour les vivres, la solde de l'équipage et l'armement des navires.

Bien que payés jusqu'à fin septembre, les matelots de ces navires réclamaient en effet la solde de mer, pour l'expédition faite deux ans auparavant sous les ordres de l'amiral de Montmorency, et refusaient de faire sortir les navires du port avant d'avoir touché cette solde.

L'évêque de Mende avait ordre de ne pas se retirer avant que les navires ne fussent sortis du port et déjà en pleine mer.

Les trois capitaines de marine Beaulieu, Courcelles et Cantelou, partent pour prendre à Olonne le commandement des navires destinés au ravitaillement du fort Saint-Martin, après avoir fait le serment de « *passer ou mourir* ».

De Beaulieu-Persac part aussi avec mission d'accomplir les propositions qu'il avait faites d'incendier les vaisseaux anglais et de faire pénétrer des vivres dans l'île.

Un courrier part avec mission de rassembler au plus tôt toutes les embarcations possibles, de démâter les plus petits navires enlevés aux Anglais à Blaye et de les transformer en bateaux à rames, afin de faire passer plus facile-ment des secours en Ré.

Un courrier va au fort Louis et à Blavet[2] mander aux capitaines de navires et maîtres de marine, de la part du roi, de s'assembler au plus tôt, pour s'entendre sur les moyens d'intercepter le va-et-vient des courriers entre la

---

[1] Claude de Saint-Bonnet (frère de Toiras).
[2] Aujourd'hui Lorient.

flotte anglaise et l'Angleterre et pour savoir si les plus petits de leurs meilleurs voiliers (surtout ceux du capitaine de la Richardière) ne pourraient pas, à la faveur d'un bon vent, passer dans l'île et ravitailler le fort. Ce message, vu son importance, fut renouvelé le 7 août suivant.

De La Rivière-Pigressier est dépêché à Olonne pour rassembler chaloupes, barques, traversiers et toutes embarcations à rames, dans le but d'intercepter les courriers allant de la flotte anglaise en Angleterre et *vice versa*. Il reçoit à cet effet des lettres de crédit du marquis d'Effiat, surintendant des finances, pour toucher trente mille livres à Olonne même.

Jusqu'alors les sommes comptées, les ordres donnés l'avaient été par Richelieu lui-même, dont la prévoyance incroyable permettait à cet homme de génie de soutenir le poids d'une telle entreprise.

Cette entreprise était d'autant plus délicate, ses soins et sa sollicitude étaient d'autant plus difficiles qu'il dirigeait tout par lui-même, à l'insu du roi, selon les ordres de la reine-mère[1] et l'avis des médecins, motivé par la gravité de la maladie dont souffrait Louis XIII.

Agir sous les ordres d'un prince offre plus de sécurité et expose moins au danger. Une entreprise sérieuse sans les ordres et à l'insu du maître demande à être exécutée selon ses vues, de façon à avoir son approbation dès qu'il en aura connaissance, ce qui est beaucoup plus difficile et important qu'on ne peut l'imaginer.

Il fallait au cardinal la constance de son cœur invincible, la force de son génie, sa prévoyance, sa grandeur d'âme, son autorité, sa sincérité et surtout son grand amour pour la France et le roi, car il eut à tenir tête à la haine, à l'envie, aux mauvaises volontés, aux vilenies des courtisans, toutes difficultés qu'a à surmonter un ministre qui

---

[1] Marie de Médecis, veuve de Henry IV, mère de Louis XIII.

dirige les affaires d'un royaume et possède la première place dans l'affection et la confiance de son souverain.

Avouons qu'alors la France fut bien heureuse, car son Atlas en mal d'enfant mit au monde un hercule dont les vastes épaules et la force inébranlable soutinrent non seulement le poids d'une entreprise immense, mais aussi celui d'un royaume tout entier.

Dans un tel concours de circonstances, le mieux à faire était de n'agir que d'après l'autorité de la reine-mère, car le roi avait mis en elle tout son amour et toute sa confiance. Elle en est d'ailleurs réellement digne, car l'histoire passée et future ne peut faire mention d'une meilleure mère et d'une princesse plus sage, plus patiente et plus généreuse.

2 août. — Du Chalart est dépêché en Gallice, à la Corogne (port de Biscaye où la flotte espagnole était réunie par notre ambassadeur, suivant l'ordre du roi d'Espagne, pour se tenir à la disposition du roi de France) avec mission d'acheter trente pinasses, de les faire armer et de les envoyer de suite en France, où Richelieu s'engageait à les lui rembourser personnellement.

Messignac[1] part aussi, avec mission de rassembler des flins (sorte d'embarcation), des barques, des chaloupes à rames sur la Dordogne et la Garonne et de les ramener rapidement pour le convoi préparé pour secourir les assiégés du fort Saint-Martin.

Un courrier est dépêché au roi d'Espagne pour le prier de hâter l'ordre de départ à la flotte réservée au secours de l'île de Ré.

L'ambassadeur d'Espagne à Paris envoie un courrier à Dunkerque pour donner ordre aux navires de cette ville de sortir du port au plus tôt et de se réunir à la flotte du roi de France.

---

[1] Lieutenant de Duchalart.

D'Argencourt, habile ingénieur de la marine dont la compétence est connue, mandé naguère du Havre est envoyé à l'armée royale, près La Rochelle, avec ordre de s'ingénier à faire parvenir des vivres aux assiégés.

Enfin il est impossible, même brièvement, d'énumérer les dépêches, ordres, missions et autres faits montrant la sollicitude de Richelieu dans cette vaste entreprise.

En un mois, plus de deux cents courriers ou délégués furent dépêchés de la cour, en France et à l'étranger, pour l'organisation rapide du secours, la répression des troubles du royaume et enfin la préparation de ce bonheur incroyable et inespéré dont jouirent le roi et la France dans la suite, par la victoire qui couronna tant d'efforts.

BIBLIOGRAPHIE. — *Déclaration de M. le duc de Rohan*, pair de France, etc., contenant la justice des raisons et motifs qui l'ont obligé à implorer l'assistance du roi de la Grande-Bretagne et prendre les armes pour la défense des églises réformées de ce royaume. In-8°, 1627, p.

— *L'anti-huguenot* au duc de Rohan pour réponse à son manifeste ou déclaration. Paris, J. Brisson, 1627, in-8°, p. (Autre édition, Paris, Du Carroy, in-8°, 1628.)

— *Lettre de M. de Bouquinquan* envoyée à M. le cardinal de Richelieu. Paris, 1627, in-8°, p.

— *Capta Rupecula, Cracina servata* (La Rochelle prise, l'île de Ré sauvée) a Philiberto Moneto e societate Jesu. Ludgdunum, in-12, 1628.

— *Lettre du baron de Saint-Surin* au sieur de La Mothe dans l'armée du roi, écrite de la citadelle de Saint-Martin de Ré ce 12 septembre, de tout ce qui s'est fait et passé. In-12, Bordeaux, 1628. (Autre édition à Paris, titre un peu différent.)

CHAPITRE VIII

Siège et blocus du Fort par l'armée et la flotte anglaise, sous les ordres de Buckingham

2 août. — Tandis que Richelieu continue à diriger aussi sagement que largement tous ces préparatifs et sait profiter des occasions favorables au succès de son entreprise, Buckingham de son côté, prend possession du bourg Saint-Martin et commence le siège du fort.

Il établit une première batterie de 6 canons sur le port et commence le bombardement du fort dès le point du jour.

Le tir des Anglais cause une panique aux assiégés en raison du danger qu'il leur fait courir; en effet, le tir étant dirigé sur les moulins du fort, ceux-ci sont atteints et menacés d'être détruits.

Toiras s'empresse de les faire protéger contre les projectiles et riposte à son tour si adroitement que cinq pièces de cette batterie sont démontées. On ne perd dans le fort qu'un franciscain et un valet dans ce bombardement.

Vers les 10 heures du matin la batterie du fort cesse ses feux; l'ennemi en fait établir une autre de 10 canons mais elle est bientôt démontée comme la première; elle perd nombre de canonniers tués ou blessés et cesse ses feux à 5 heures du soir.

3 août. — De Manty, habile capitaine de Narbonne, est dépêché pour prendre le commandement de la flotte espagnole et la faire conduire avec précaution par de bons pilotes, en longeant les côtes.

Un officier d'artillerie est dépêché vers les places fortes de la Loire, avec ordre de se procurer 44 couleuvrines et sous-couleuvrines ou bâtardes, pièces d'artillerie de petit calibre, afin d'en armer les navires préparés dans le port de Lorient; cet officier les trouve dans les villes de Lorient, Orléans, Angers, Saumur, Nantes et Clisson.

L'abbé de Marsillac, Bigotteau dont il a été question et deux autres personnes dévouées à Toiras, préparent une barque et trois chaloupes chargées de vivres pour le fort Saint-Martin, aux frais dudit abbé, mais ces embarcations ne peuvent parvenir dans l'île et doivent aller rejoindre le convoi préparé par M. de Beaumont.

Sur l'ordre de Toiras, le sergent Chasival sort du fort à 9 heures du soir avec 6 cavaliers et 20 mousquetaires pour la garde des deux moulins qui se trouvent à six cents pas du fort[1]; tout à coup en présence de l'ennemi, Chasival, au lieu de donner l'alarme au fort et de résister en attendant du secours, préférant la vie à l'honneur se rend aux Anglais.

4 août. — Trois gabarres, chargées à Saint-Michel-en-l'Herm par les soins de l'abbé de Marsillac, de farine, haricots, pois, conserves de viande, vins, etc., tentent vainement, à force de rames, de passer dans l'île malgré le vent contraire; l'une est capturée par les vaisseaux anglais, les autres relâchent à Laiguillon[2] et vont ensuite se joindre au convoi de M. de Beaumont.

5 août. — Les Anglais commencent les tranchées. Ils

---

[1] Il s'agit sans doute ici des deux moulins de la propriété du Preau (Note du traducteur).

[2] C'est là peut-être le promontoire des Pictons mentionné par Ptolémée (Note d'Isnard).

rétablissent la batterie (T) abandonnée l'avant-veille[1] ; en établissent une deuxième (S) à quatre cents pas plus près du fort que la première[2] ; une troisième et une quatrième (SS) éloignées de deux cents pas l'une de l'autre[3] ; le bombardement qui en résulte lance nombre de boulets dans le fort.

La batterie du fort ne les épargne pas non plus mais après leur avoir fait beaucoup de mal, elle doit cesser son feu à son tour.

Les Anglais reculent leurs tranchées afin d'être plus en sécurité, pour achever la circonvallation complète du fort qui doit couper toute communication aux assiégés avec l'île et le continent ; leurs vaisseaux, disposés en demi-cercle dans la rade, complètent le blocus de la place.

Tout en creusant la tranchée extérieure, les Anglais en creusent d'autres plus avancées afin de mieux abriter leurs attaques et s'approcher davantage du fort.

De leur côté, les assiégés s'avancent également vers les assiégeants par des tranchées opposées aux leurs ; si l'Anglais quitte tel retranchement pour tel autre, le Français le poursuit sans relâche.

Les assiégés ont eu, dès le début, l'excellente précaution de se mettre en mesure de recevoir les embarcations qui pourraient leur apporter du secours (les Anglais tenant le port de Saint-Martin et le fort n'ayant pas de port) ; ils ont élevé, dans cette intention, un retranchement sur le bord de la mer à l'angle des bastions d'Antioche et de Toiras.

---

[1] A l'emplacement appelé aujourd'hui la Barbette (Note du traducteur).

[2] A l'emplacement actuel du petit bois situé entre le port et la citadelle (Note du traducteur).

[3] A l'emplacement l'une de la caserne actuelle, l'autre de la poudrière actuelle. Les lettres majuscules entre parenthèses reportent aux mêmes lettres indiquées sur la gravure illustrant la relation d'Isnard et représentant le blocus du fort Saint-Martin (Note du traducteur).

A ces deux retranchements (K) on fait bonne garde, on prépare vigoureuse défense comme au fort lui-même car on n'espère de secours que par là et ce n'est pas en vain.

Ces deux retranchements, comme tous les autres d'ailleurs, étaient minés afin qu'on puisse les faire sauter et rendre ainsi inutile la tentative de l'ennemi s'il parvenait à s'en rendre maître.

Ces retranchements avaient été construits et protégés par de Castelan, fort habile en fortification ; Toiras lui avait bien recommandé de les construire de façon à ce que l'ennemi ne put en approcher, ce qui fut exécuté en conséquence et réussit parfaitement, grâce à Le Camus, Beausoleil et de Lessar chargés de leur défense.

Le même jour, le jeune baron de Saujon, sur les ordres de Toiras, parvient à quitter l'île et se rend à la cour encore plongée dans la tristesse par la maladie du roi, pour demander le ravitaillement du fort.

A la nouvelle des préparatifs organisés, de toute l'activité mise en jeu de toutes parts pour le secours, Saujon, saisi de joie, déclare qu'il n'a plus rien à demander que l'accomplissement de ses prières et de ses vœux pour la guérison du roi.

Il se contente de demander qu'il plaise au roi de donner à M. de Beaumont la surintendance sur les armements de tous les ports de Nantes au fort Louis[1] et sur toutes les embarcations, chaloupes et flins que l'on pourrait y trouver afin de faciliter les secours au fort Saint-Martin.

Il ajoute au roi, devant l'évêque de Nîmes frère de Toiras, et aux Ministres qu'il a mission de déclarer que le fort n'a plus de vivres que pour les mois d'août et de septembre.

Ce jour même, la surintendance en question est envoyée à M. de Beaumont avec autorisation de rassembler de

---

[1] Comme il est dit plus haut, à la date du 28 juillet.

toutes parts blé, farine et tous autres ravitaillements aux frais du Roi.

Magnas vient à la cour, déclare au roi que s'il veut donner semblable pouvoir au duc d'Épernon en Garonne et Dordogne et mettre Treillebois sous ses ordres, le duc se fait fort de rassembler barques, galères et flins nécessaires pour réapprovisionner le fort Saint-Martin en vivres et fourrages.

Magnas reçoit le jour même ce pouvoir des mains du roi, pour le duc d'Épernon; il reçoit en outre de Richelieu une lettre pour Treillebois, lui enjoignant de se mettre à la disposition du duc, ainsi qu'une lettre à ce dernier, l'exhortant à mettre tout en œuvre, son esprit et ses forces, pour les préparatifs du ravitaillement en question.

Le Commandeur de Valençay, grand Maître des Chevaliers de Malte, vient à la cour, propose au roi un moyen de secourir le fort Saint-Martin; le roi approuve son projet et lui remet un pouvoir en conséquence.

Le lendemain de Valençay part avec une lettre de Richelieu au Marquis de Brezé, gouverneur de Brouage, lui enjoignant de remettre au plus tôt au Commandeur les barques, vivres et soldats nécessaires à son projet.

7 août. — Le baron de Chabans est expédié par le roi en Bretagne, pour porter au maréchal de Thémines, gouverneur militaire de cette province, l'ordre de préparer le port de Morbihan (Lorient) à recevoir la flotte espagnole, d'envoyer à sa rencontre des pilotes et matelots pour la guider sur les côtes de France, de donner le plus d'éclat possible à la réception des officiers espagnols et de les entourer de la plus grande déférence, sans s'inquiéter des frais de cette réception qui lui seront remboursés.

Un courrier est dépêché au Havre pour donner ordre de faire sortir immédiatement les vaisseaux qui y sont préparés, de leur faire gagner promptement le port de Brest ou de Lorient et de compléter leur armement par les canons du port du Hâvre même.

Ce même jour à Saint-Martin un sous-officier du camp anglais et trente hommes sortent à 80 pas des retranchements vers trois heures de l'après-midi, dans le but de faire une escarmouche ; un peloton de cavalerie sort du fort pour leur couper la retraite ; les Anglais l'ayant aperçu sont pris de panique et s'enfuient ; nos cavaliers leur tuent deux hommes, chargent vigoureusement les autres jusqu'aux tranchées et s'emparent de leurs armes et munitions.

Depuis le 27 juillet jusqu'à ce jour, les Anglais ont poussé activement les travaux d'investissement de la place ; Buckingham est tellement persuadé d'un prompt succès, qu'il écrit à son roi qu'avant huit jours la citadelle et l'île tout entière seront à lui.

A cette nouvelle, le roi d'Angleterre rédige un édit, dans lequel il invite ses sujets à aller coloniser l'île de Ré et leur promet de grands avantages ; ils formeront, dit-il, une magnifique colonie. Les Français chassés, ils pourront à loisir profiter et des nombreux privilèges de cette île et des mêmes avantages que ceux de la mère patrie. Apprenant bientôt par de nouvelles lettres que l'entreprise est moins facile, que le succès n'est ni si proche ni si certain, le roi, comme une épée qu'on rengaine, reprend son édit.

8 août. — Les canons des places-frontières sont requis en Normandie pour armer en guerre les vaisseaux du port de Dieppe ; 25.000 livres sont envoyées pour faire face aux frais des armements ayant pour but de mettre en état la flotte chargée de ramener de Hollande les vaisseaux du Roi.

L'abbé de Marsillac envoie des Sables-d'Olonne à l'île de Ré trois chaloupes et trois barques chargées de biscuits, de farine, fèves, pois, beurre, vin et morue ; deux de ces embarcations sont obligées de relâcher en rivière de Saint-Benoist[1], une troisième en rivière de Marans[2], une

---

[1] Le Lay, petit fleuve de Vendée.
[2] Sèvre Niortaise.

quatrième parvient au fort en bon état; les deux dernières arrivent sans encombre au fort La Prée, apportant pour un mois de vivres bien à propos car ce fort n'en avait plus que pour quatre ou cinq jours.

9 août. — Une lettre communiquée au Roi par l'abbé de Marsillac comble la cour de joie; elle est de Beaulieu (garde des munitions du fort Saint-Martin) à son frère aux Sables-d'Olonne; il l'informe que Toiras a encore pour deux mois de vivres, ce qui confirme les déclarations faites récemment par le baron de Saugeon.

10 août. — Un expres va en Hollande porter des lettres au Commandeur des Gouttes, commandant de vaisseau, à Manuel et Larbusse qui avaient conduit 600 hommes d'équipage aux vaisseaux hollandais et à M. d'Espesse, ambassadeur du roi très chrétien, en Hollande.

Ces lettres donnent ordre aux premiers de mettre à la voile le plus tôt possible, à M. d'Espesse de conclure avec les armateurs un marché, au nom du Roi, dans le cas où les lettres de change envoyées par le marquis d'Effiat, son trésorier, ne jouiraient pas d'un crédit suffisant auprès des banquiers de ce pays.

Enfin la santé du roi s'améliore, son auguste mère croit pouvoir sans danger, sur l'avis des médecins, le mettre au courant de ce qui se passe. Il apprend alors par des courriers que les habitants de la Rochelle, pour aider Buckingham, lui envoient des vives, des armes, des troupes; que pour se donner à lui ils n'attendent qu'une chose, la reddition du fort, tout en affichant leur neutralité dans la guerre et dans ses projets.

Ces faits déterminent le roi à ordonner la construction d'un nouveau fort, sur la pointe située en avant et au sud du port de La Rochelle, appelée Coureilles (nom qui semble venir du corail qu'on trouvait jadis en cet endroit). On commence donc la construction de ce fort pour défendre le goulet et interdire l'entrée du port aux Anglais dans le cas où ils se rendraient maîtres de l'île. La position favorable de ce fort sur le continent le met à l'abri de toute tentative de la part des Anglais et défie toute attaque venant de la mer.

14 août. — Vers huit heures du soir, Toiras informé de l'arrivée au fort La Prée de la barque et de la chaloupe susdites, détache quarante cavaliers pour s'y rendre.

L'ennemi en a connaissance par à ses espions et va les attaquer. Les Français se défendent courageusement; un capitaine et un cavalier anglais sont tués; trois ou quatre des nôtres sont blessés; l'un d'eux se retire au fort La Prée; les autres, le combat fini, rentrent dans le fort Saint-Martin. Pendant ce temps Bosserez, un des nôtres, caché dans un pli de terrain, attendant les siens que la nuit à dispersés, voit un Anglais venir à lui : « Qui vive? » dit-il aussitôt. « La Rochelle », répond l'Anglais (remarquez ce mot d'ordre). A ce mot, Bosserez lui casse la tête d'un coup de pistolet et l'étend raide mort.

15 août. — Vers onze heures du soir les ennemis s'emparent d'une chaloupe qui filait vers le fort et font prisonniers le baron de Renié, de Jouy, etc.; Duclos, d'Artagnan et de Morissière, pour éviter de tomber aux mains de l'ennemi, se jettent à la mer et se noyent. Après huit jours de captivité de Renié s'évade et gagne le fort.

Cette même nuit les Anglais sachant l'eau très rare au fort, mettent du poison dans un linge et le jettent dans le puits (L) qui se trouve à douze cents pas des demi-lunes de Saint-Surin et de Saint-Preuil. Ils dirigent ensuite une attaque vers cette demi-lune mais sont repoussés avec perte; à cette attaque périt Beaulieu de la compagnie des chevau-légers de Toiras, tombé victime de son courage; se font remarquer par leur bravoure : de Montault, de Praron, de Montandre, de Cusagues et de Saint-Preuil.

L'eau devient si rare au fort que des sentinelles sont

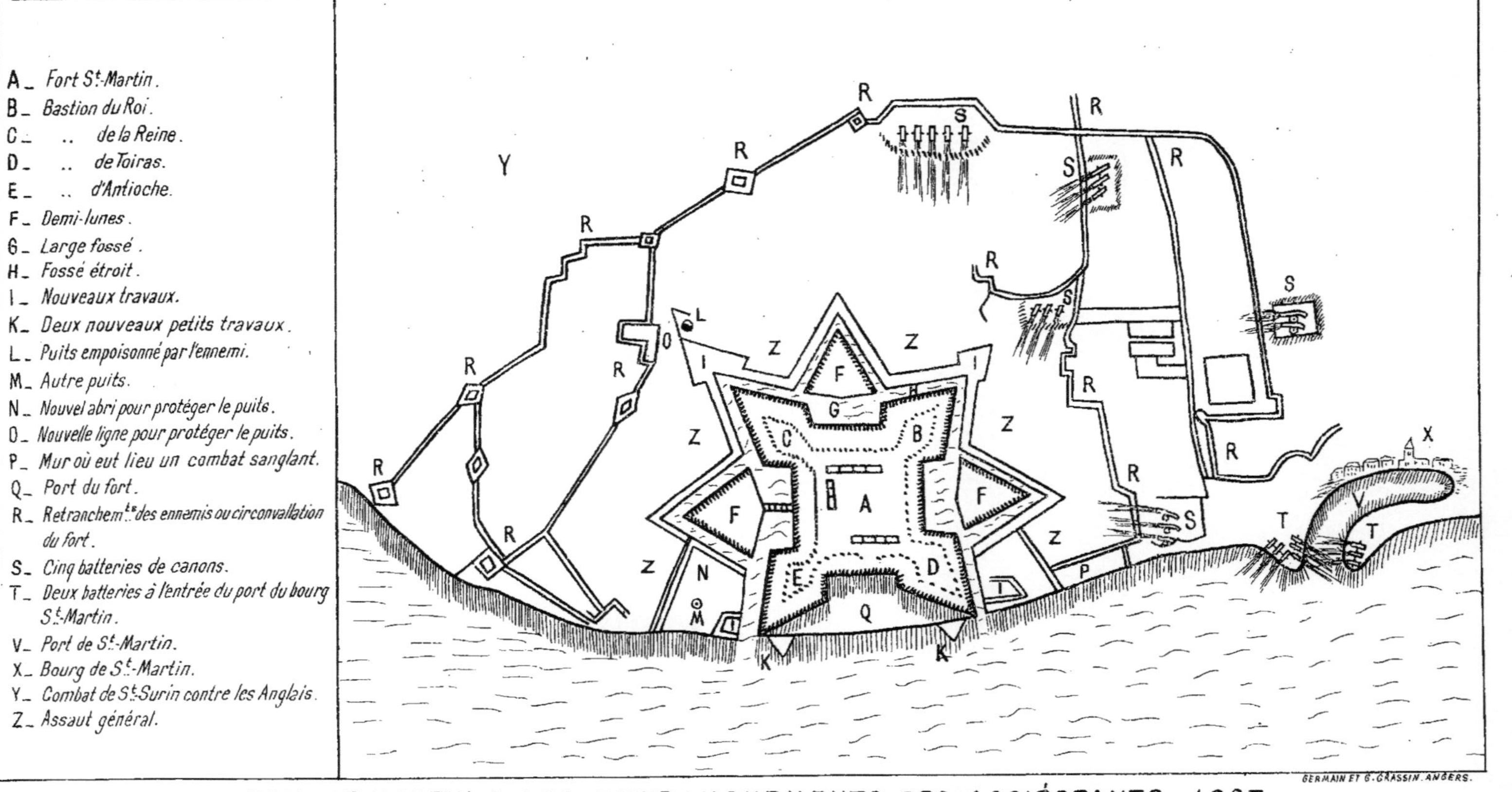

LE FORT ST MARTIN & LES RETRANCHEMENTS DES ASSIÉGEANTS (1627)

(Reproduction d'un plan gravé par Montcornet, extrait de la Relation d'Isnard.)

placées en faction devant les puits, les soldats vont jusqu'à leur offrir un teston[1] pour un verre d'eau.

L'abbé de Marsillac fait charger aux Sables-d'Olonne, six barques de biscuit, farine, fèves, pois, vin, viande, beurre, morue, poudre et mèche à canon; il les envoie quelques jours après en rivière de Saint-Benoist ou en rade de la Tranche, pour rallier sept autres barques que la Richardière, sur l'ordre du Cardinal, avait fait préparer.

Malheureusement l'ennemi, dont la vigilance est mise sans cesse en éveil par les dénonciations perfides des réformés, sachant ce qui se prépare, détache dix à douze vaisseaux pour aller bloquer l'embouchure de cette rivière, ce qui rend pour un certain temps ce secours impossible.

17 août. — Lingende revient d'Espagne avec la nouvelle que la flotte espagnole, forte de 40 galions et 18 galères (appelées Galisabres), va mettre à la voile pour prendre la mer.

20 août. — M. Sauve, commissaire de marine, écrit de Saint-Jean-de-Luz qu'il part le 16 août avec seize pinasses très bien armées.

De La Grée-de-Bruc, syndic des états de Bretagne, reçoit l'ordre du Roi d'armer trois vaisseaux dans le port d'Alet[2]; il reçoit 47.000 livres pour cet armement et pour aider à l'approvisionnement de la flotte royale.

Le siège dure depuis un mois déjà; les Français construisent un nouvel ouvrage à la pointe du bastion d'Antioche pour couvrir un puits (M) situé tout auprès. L'ouvrage n'est pas encore achevé que l'ennemi creuse une tranchée le plus près possible des fossés et, au milieu de la nuit comme précédemment, se jette à l'assaut de ces ouvrages avec trois bataillons; l'impétuosité de l'attaque lui permet de s'avancer auprès de la demi-lune mais se voyant

---

[1] Monnaie d'argent du temps, représentant la teste ou tête du roi, les plus petites avaient une valeur de 75 centimes.

[2] Saint-Malo.

bientôt repoussé à coup de pique et écrasé, il abandonne le champ de bataille et met fin à une lutte trop désavantageuse et trop sanglante; il a perdu 150 hommes; nous, quatre et quelques blessés. De Montault, capitaine au régiment de Champagne, se fait remarquer dans ce combat par son coup d'œil, sa bravoure et se distingue autant comme capitaine que comme combattant.

Il est à craindre que les Anglais envahissent l'île d'Uliase (aujourd'hui l'île d'Oléron), située près de Ré et du continent, riche en blé, sel et autres denrées. Ils y trouveraient en effet tant d'avantages et tant de ressources qu'il n'est pas douteux qu'une fois cette île en leur pouvoir, la reddition du fort Saint-Martin et la soumission de l'île de Ré tout entière n'eussent été qu'une question de temps. Mais le Cardinal veille à la conservation d'Oléron; il y entretient trois cents gentilshommes, tout le temps de la guerre, avec vivres pour leurs valets et fourrages pour leurs chevaux. Il y envoie aussi le régiment de du Plessis-Praslin à qui chaque semaine la solde est payée d'avance.

Les troupes d'Angers dont l'effectif, par compagnie, est porté à cent hommes (tandis que sur les régistres du roi il n'est que de cinquante), se trouvent également là et y touchent leur solde comme les autres.

Pour la défense de cette île, de la place de Brouage et la haute direction des affaires, le Roi se repose sur la loyauté et le zèle du Cardinal. Ce dernier du reste s'occupe activement; il veille à la conservation de ces positions plus nécessaires que jamais et avec d'autant plus de soin qu'alors un bruit, non sans fondement, jette l'épouvante dans les esprits.

On craint en effet que l'ennemi, pour faire diversion, n'abandonne Ré pour Oléron. Pour ne pas diminuer les finances du Roi, Richelieu paie lui-même la solde des troupes pendant cette guerre, tant à Brouage qu'à Oléron;

il veut voir dans cette région huit ou neuf cents hommes
(bien que sur l'état du Roi, il n'y en eût que quatre cents).

Les ennemis sont au courant de tout cela, aussi ne
tentent-ils rien de ce côté. Ils craignent peut-être aussi
que, poursuivant deux lièvres à la fois, ils n'en prennent
aucun; pour prendre l'un ils laissent donc l'autre, mais
revenons à notre récit.

21 août. — De la Martinière est dépêché à Bordeaux
auprès de La Fosse pour lui dire de venir au secours de
l'île de Ré avec les vaisseaux qui sont prêts.

Buckingham presse de plus en plus les assiégés. Pour les
inquiéter davantage et les pousser à bout, il fait réunir
toutes les femmes catholiques dont les maris sont avec
Toiras ou hors de l'île ; il les force à franchir les tranchées
à coups de bâton, pour qu'on les reçoive dans le fort, mais
comme les portes ne s'ouvrent pas sur le champ, il les
fait frapper à coups de sabres et fait tirer sur elles.

On voit alors une scène de cruauté et de barbarie
indigne, des femmes innocentes, d'autant plus dignes de
commisération qu'elles sont déjà très éprouvées, sont
poussées en avant, tuées, massacrées; ma plume s'arrête
et je pleure en pensant à cette pauvre mère qui, la poitrine
percée d'une balle, cherche encore à réchauffer son enfant
sur son sein blessé et, pour l'empêcher de crier, lui
donne à téter, comme si cette vie qui s'écoule avec son
sang, elle pouvait en mourant la donner à ce frêle enfant.
Elle meurt et quand on la retrouve, son enfant vivant est
encore pendu à son sein.

Fléchi par un si touchant amour, Toiras que la prudence
obligeait à se montrer plus dur, permet à ces malheu-
reuses femmes d'entrer dans le fort malgré tout.

Les Anglais ont alors recours à d'autres moyens, ils
font des tentatives réitérées pour incendier les magasins
du fort avec des boulets rouges et des bombes de cinquante
livres environ qu'ils lancent avec des mortiers. Ils

lancent aussi sur le fort d'énormes quartiers de roche même des flèches dans l'espoir d'atteindre ses défenseurs.

Les soldats de Toiras rient de voir tomber ces flèches sur les murs et ces blocs de pierre monter dans le ciel, comme firent jadis les géants pour atteindre Jupiter.

En un mot les Anglais n'omettent rien de ce qui peut nuire aux assiégés mais l'avenir leur réserve une surprise et un coup pénibles.

Nous avons énuméré précédemment ce qu'il y avait en beurre, vivres et vin dans la citadelle au moment où Toiras s'y était renfermé avec ses soldats et les gentils-hommes mais il y avait à nourrir tant de gentilhommes volontaires, officiers d'artillerie, soldats, valets, bou-langers, menuisiers, charpentiers, forgerons, maçons, indispensables dans toute place assiégée en dehors des troupes régulières, que bientôt la troupe fut réduite au pain et à l'eau, à l'exception toutefois des gens de condition.

Les soldats eux-mêmes, après avoir épuisé le beurre, mangent les chevaux. La misère augmente de jour en jour, le pain va manquer. Les moulins en effet, obligés de moudre continuellement, s'usent et ne peuvent fournir les cent boisseaux de farine nécessaires par jour, pour faire aux soldats trois mille pains de deux livres.

A ces privations déjà pénibles s'en ajoutent de nouvelles, les hommes ne peuvent se garantir suffisamment contre la pluie. Il y avait dès le début dans le fort, environ cinq cents planches, mais cela est insuffisant pour abriter tous les assiégés. Les tuiles manquent pour couvrir ces baraques; quand il pleut, les soldats préfèrent leurs man-teaux à ces toitures insuffisantes. Ils sont sans cesse dans l'eau et dans la boue.

On comprend combien il est pénible aux assiégés d'en-durer tant de privations sans proférer une plainte.

22 août. — A dix heures du soir Toiras adresse à de Beaumont une lettre chiffrée l'informant que les moulins sont en mauvais état, la farine épuisée et que les soldats ont dû entamer la provision de biscuit des dix derniers jours. Le Cardinal écrit aussitôt au duc d'Angoulême et à MM. de Marsillac, de Beaumont, de Brezé et de Valançay. Il leur recommande de faire tous leurs efforts pour secourir Toiras et surtout, si la galère qu'on préparait à Brouage n'était pas encore en état de porter secours, de se servir de galiotes, de barques et de chaloupes.

La cour est navrée d'apprendre les angoisses des assiégés. La tranquilité première fait subitement place à la crainte. La dernière lettre de Toiras à de Beaumont annonçant le danger, détruit à la cour l'espérance qu'avaient fait naître et les courriers de Toiras lui-même au roi et la lettre plus récente encore du garde des munitions à son frère. On va remuer ciel et terre pour secourir les assiégés en détresse.

23 août. — Le Cardinal envoie encore à La Fosse le capitaine Belesbat avec ordre de diriger sans retard sur le fort dix navires et huit brûlots, avec promesse de 10.000 écus à lui et à ses compagnons, s'il parvenait à secourir les assiégés.

De Cahuzac, homme de courage et d'énergie, part ce jour-là de Chanteloup (lieu de résidence du Cardinal; le roi était à Dolainville), il emploie tout son zèle et tout son courage à activer les secours préparés à Brouage et à seconder le chevalier de Valançay chargé de le conduire.

Ce même jour, sollicité d'envoyer 6.000 hommes dans l'île pour expulser les Anglais, n'ayant pas assez de soldats pour détacher de l'armée royale une si notable force tout en continuant de bloquer La Rochelle, le Cardinal écrit au duc d'Orléans, frère du Roi, arrivé depuis peu à l'armée, qu'il peut prendre en Oléron 3.000 hommes pour cette expédition et sacrifier cette île s'il le faut pour conserver l'île de Ré.

Le duc d'Angoulême[1] et Louis de Marillac[2] reçoivent l'ordre : 1° de ne laisser entrer dans La Rochelle ni vivres ni quoique ce fût, de façon à ce que les assiégés, assez préoccupés d'eux-mêmes, ne songeassent pas à aider les Anglais, dans le cas où ceux-ci s'empareraient de l'île de Ré; 2° d'augmenter la garnison de l'île d'Oléron pour en assurer la conservation et éviter ainsi les malheurs qui résulteraient de la perte de cette île.

24 août. — Le roi écrit de Versailles une lettre à Toiras; il lui témoigne, à lui et à ses compagnons d'armes, son admiration pour leur vaillance, il réchauffe leur courage, loue leurs belles actions, les exhorte à la persévérance et, en cas de nouvelles infortunes, leur promet de grandes récompenses; voici d'ailleurs le texte même de cette lettre :

Monsieur de Toiras, sçachant la vertu et le courage, avec lequel vous et ceux qui sont dans la citadelle Sainct-Martin, vous défendez contre les Anglais qui vous attaquent; i' ay bien voulu vous tesmoigner par ceste lettre la satisfaction particulière que i' en ay, et vous dire que je prépare un grand secours pour vous libérer du siège, attendant lequel (comme ie m'asseure) que vous et tous ceux qui vous assistent, continuerez la mesme résolution et passion, que jusques à présent vous avez monstrée pour le bien de mon service et de cet Estat.

Vous devez aussi croire, que ie recognoistray si advantageusement un si signalé service, envers tous ceux qui y auront eu part, qu'ils porteront toute leur vie la marque de la récompense qu'ils auront méritée. Pour cet effect, ie désire que vous m'envoyez les noms de tous ceux qui sont enfermez avec vous dans la cita-

---

[1] Lieutenant général de l'armée française devant La Rochelle.
[2] Garde des sceaux du roi, alors au siège de La Rochelle.

*delle, afin de n'en oublier aucun, et que nul gentil-
homme, officier ny soldat, ne demeure sans récompense.*

*Sur ce ie prie Dieu, Monsieur de Toiras, qu'il vous
ait en sa saincte garde.*

*Escrit à Versailles le 24ᵉ jour d'aoust mil six cent
vingt-sept*[1].

(Signé) : Louis.
(Contresigné) : Phelippeaux.

27 août. — L'évêque de Nîmes apprenant, par une
lettre de La Forest, frère de Toiras et le sien, que de Beaumont met beaucoup de lenteur à secourir le fort, lui envoie
Desplan, ami intime de Toiras, pour hâter le secours et en
finir enfin avec ces préparatifs organisés depuis si longtemps. Pour éviter tout nouveau retard, le Cardinal lui
remet 500 pistoles et une lettre de change pour toucher en
sus 6.000 livres aux Sables-d'Olonne.

Il écrit par le même courrier à de Beaulieu, capitaine
de marine, d'envoyer l'un après l'autre pour secourir l'île
de Ré, les six navires qu'il a chargés de vivres sur l'ordre
du Roi. Il lui promet de grandes récompenses et lui délivre
un mandat pour recevoir du trésorier de la marine aux
Sables-d'Olonne, tout ce qu'il aurait besoin.

Le Cardinal remet aussi à La Forest-Toiras une lettre
autographe assurant 10.000 écus à quiconque ferait parvenir des vivres aux assiégés. Semblable lettre a déjà été
remise à M. de Beaumont.

Un nommé Briet propose au Cardinal de porter secours
à l'île avec un navire hollandais en armement à Nantes et
de recueillir à bord tous les catholiques de l'île de Ré.

Ce projet, quoique tardif et difficile, est accepté. Richelieu, qui veut tout tenter, remet à cet homme mille pistoles
et l'expédie auprès de M. de Monbazon, à Nantes, pour

---

[1] Texte du temps, d'après Marillac.

qu'on lui donne sur le champ toutes les vivres qu'il pourrait transporter.

Les défenseurs du fort Saint-Martin commencent à souffrir cruellement de la fréquence des pluies qui leur est aussi pénible à supporter que leur rareté l'était au début du siège; cette fréquence, jointe à la famine commençante, devient pour eux un surcroît de tourment.

Toiras lui-même s'inquiète, le siège dure depuis cinq semaines, personne ne vient à leur secours. L'espérance commence à abandonner ses soldats qui désertent chaque jour pour passer à l'ennemi. Il se creuse la tête pour trouver le moyen de donner de ses nouvelles au Roi. Toutes ses chaloupes sont pourtant sorties sans encombre, il a fait passer de faux transfuges, les uns avec des lettres, les autres avec de simples recommandations verbales, tous très fidèles à leur serment et à leur drapeau, pour aller vers le Roi, mais personne ne vient de l'armée royale.

C'est alors que des soldats s'offrent pour traverser à la nage le détroit qui sépare l'île du continent, promettant de faire tous leurs efforts pour réussir. Trois soldats osent tenter cette entreprise périlleuse; ils ont tous le même courage, mais ils n'eurent pas tous le même bonheur.

L'un d'eux, à bout de forces, est pris par une ramberge anglaise; un autre, après avoir lutté longtemps contre les flots, se noie, la lettre qu'il portait dans une cartouche lutée à la cire fut trouvée à la côte, sur son cadavre et portée à de Beaumont, émerveillé de tant de courage.

Le troisième réussit à passer, c'est un nommé La Pierre[1], natif de Tonneins en Gascogne. Tout d'abord il se sent défaillir, mais bientôt il reprend courage, ses sens lui reviennent, il peut triompher des flots et de toutes les difficultés; tel ce nageur de Délos, après avoir nagé avec constance et bonheur, arriva sain et sauf au port.

[1] Pierre Lanier, surnommé « La Pierre ».

Au départ de La Pierre, la mer est calme, mais des matelots anglais aperçoivent sa tête au-dessus de l'eau et lui donnent la chasse ; quand la barque le serre de trop près, il plonge et nage longtemps entre deux eaux.

Il renouvelle cette manœuvre deux ou trois fois et réussit à traverser ainsi impunément la flotte ennemie, pris tantôt pour un homme, tantôt pour un poisson. Le même fait eut lieu jadis à Cyzique, ville du littoral asiatique en Mysie, célèbre par sa citadelle, ses murailles, son port et ses tours de marbre. Pendant que cette cité était assiégée par Mithridate, un courrier s'attacha une outre au cou et traversa la flotte ennemie, ne se guidant qu'avec ses pieds et pénétra ainsi dans la ville. Les ennemis crurent que c'était un monstre marin. Son arrivée à Cyzique décida les assiégés à la résistance et ranima leur courage à la nouvelle de l'arrivée de Lucullus.

Le soldat de l'île de Ré eut à vaincre bien d'autres difficultés, pour arriver auprès des généraux du roi et leur demander du secours pour les assiégés. Voici en effet que le temps change, la mer devient houleuse, tantôt il est lancé au sommet des vagues, tantôt au fond, mais il n'a qu'une préoccupation, celle de n'être pas submergé. Aux poursuites de l'ennemi, aux fureurs des flots, s'ajoutent celles des poissons qui, pendant plus d'une demi-lieue, essayent de l'attaquer.

Il atteint enfin le rivage, délie sa chemise roulée sur sa tête comme un turban et la revêt quoique mouillée, mais ne peut marcher qu'en se traînant tant il est épuisé ; il rencontre près de là un paysan qui le conduit au fort Louis où il expose enfin l'état exact de détresse du fort Saint-Martin.

Outre les récompenses qu'il reçoit sur le champ, le roi lui assure une pension annuelle de cent écus sur la gabelle, comme gage de reconnaissance de la patrie.

Le message des assiégés est donc reçu mais impossible

de leur faire savoir que les secours sont prêts et de les tirer de leur inquiétude croissante.

30 août. — L'ennemi de son côté ne néglige rien pour les terrifier et les désespérer en leur communiquant de fausses nouvelles; tantôt c'est le roi qui est mort, tantôt il faut abandonner tout espoir de secours. Pour que ces ruses trouvent plus de créance, Buckingham envoie à Toiras un message conçu en ces propres termes :

Monsieur, le désir que i'ay de tesmoigner en toutes occasions, combien i'estime et prise les personnes de qualité et de mérite, me fera tousiours procéder en leur endroit avec toutes sortes de courtoisie. I'estime que ie me suis comporté iusqu'icy en vostre endroit de ceste sorte, autant que la loy des armes me l'a peu permettre; en continuation de quoy, avant que la suite des affaires m'oblige à prendre d'autres conseils, et changer de procédure. I'ay trouvé bon de vous exhorter à la considération de vos necessitez, lesquelles vous avez desia enduré avec grande patience, et vostre courage vous pourroit porter à les continuer iusqu'à l'extrémité, sous de vaines espérances de secours, au préjudice de vostre seureté.

Pour ces causes, et pour le regret que i'aurois de vous voir arriver plus grand desplaisir, nous avons iugé convenable de vous convier à vous rendre entre nos mains, avec ceux qui sont de vostre compagnie et sous vostre charge; ensemble les places par vous occupées, sous les conditions honorables, que vous ne devez esperer a l'advenir, si vous m'obligez à poursuivre les moyens que i'ay en main, pour accomplir mes desseins, et que vous portez les affaires à l'extrémité.

Sur quoy attendant votre response, ie demeure, Monsieur, votre très humble et très obeyssant serviteur [1].

BUCKINGHAM.

[1] Texte du temps, d'après Marillac.

Cette lettre, comme on le voit, est pleine d'empressement et d'urbanité.

Ni l'étiquette ni les lois de la guerre n'obligent Toiras à une réponse; néanmoins, il envoie à Buckingham la lettre suivante, expression sincère du vrai courage et de la vraie noblesse française :

Monsieur, vos courtoisies sont connuës de tout le monde, et estant faites avec le jugement que vous y apportez, elles doivent estre principalement attenduës de ceux qui font de bonnes actions. Or, ie n'en trouve point de meilleure que d'employer sa vie pour le service de son Roy.

Ie suis icy pour cela, avec quantité de braves gens, dont le moins resolu ne croiroit pas avoir satisfait a soy-mesme, s'il n'avoit surmonté toutes sortes de difficuetez, pour ayder à conserver ceste place; ainsi, ny le desespoir de secours, ny la crainte d'estre mal traitez en une extrémité, ne me sçauroient faire quitter un si genereux dessein.

Et ie me sentirois indigne d'aucunes de vos faveurs, si i'avois obmis un seul point de mon devoir en ceste action, dont l'yssue ne me peut estre que fort honorable. Et d'autant plus que vous aurez contribué à ceste gloire, d'autant plus seray-je obligé d'estre à tousjours, Monsieur, vostre très-humble et très-obeyssant serviteur[1].

TOIRAS.

Cet échange de lettres si cordiales semble avoir lieu bien plus entre amis qu'entre ennemis; il en est ainsi des entrevues qui ont lieu de part et d'autre. Le gentilhomme qui a porté la lettre de Buckingham dit, à son retour, que Toiras s'est informé si l'on trouvait encore

---

[1] Texte du temps, d'après Marillac.

des melons dans l'île. Aussitôt Buckingham lui en envoie une douzaine. Toiras accepte, remet au porteur 20 écus, et le lendemain envoie au général anglais six bouteilles d'eau de fleur d'oranger et douze flacons de poudre de Chypre. Le duc, qui ne veut pas paraître moins généreux que Toiras, fait remettre 20 Jacobus au porteur.

Malgré ces témoignages de déférence et d'obligeance on n'en continue pas moins, de part et d'autre, les opérations de la guerre et du siège ; Buckingham poursuit le blocus ; Toiras fait des sorties ; les Anglais ressèrent leurs retranchements ; les Français les attaquent ; chacun agit selon les exigences de la guerre.

Les Anglais se découragent de voir qu'un si long siège ne semble pas décourager les Français, qui cependant supportent avec tant de difficultés les intempéries, les maladies, le manque de vivres, de remèdes et mille autres misères. Ajoutons à tout cela la lâcheté des transfuges, l'obsession des assiégés par la crainte de trahison et de malheurs futurs, enfin le manque de munitions qui entrave les entreprises et fait différer les attaques.

4 septembre. — L'ennemi a beau reprendre courage en voyant les assiégés diminuer les attaques, vu le peu de forces qui leurs restent, une sortie du fort a lieu, ce soir-là, vers 11 heures ; deux sergents, 40 mousquetaires armés et 20 hommes sans armes sortent brusquement du fort, renversent tonneaux et marmites d'un poste anglais qui, devant cette attaque impétueuse et imprévue, abandonne ses retranchements.

A la même heure, on voit au fort un feu Saint-Elme voltiger au bout d'une pique, signe de bon augure dit-on.

Quoi qu'il en soit, la disette et l'absence de nouvelles du secours attendu accablent les assiégés malgré toute la diligence de ceux qui préparent ce secours et les énormes dépenses faites pour son accomplissement.

Les Anglais, de leur côté, reçoivent constamment des vivres et des renforts ; ce sont d'abord 6 vaisseaux et 2.000 Irlandais, en second lieu 1.200 Anglais, finalement 1.000 Anglais.

Ils peuvent remplacer à volonté ceux des assiégeants qui sont fatigués par des troupes fraîches qu'ils font descendre des vaisseaux.

Quant aux assiégés, non seulement ils ne reçoivent plus aucun secours, mais les Anglais mettent tout en œuvre pour leur faire perdre l'espoir d'en recevoir jamais.

Pour mieux y réussir encore et pour empêcher même l'entrée d'une barque dans le fort, ceux-ci installent une sorte de batterie flottante, composée de trois carènes de grands navires amarés ensemble et rappelant, par sa forme, le fameux fort que les Espagnols, au siège d'Ostende, appelaient par ironie le château des merveilles.

7 canons sont placés sur cette masse flottante ancrée en face et bien plus près du fort qu'ils n'auraient osé approcher leurs vaisseaux. Ils veulent en faire le refuge des barques et ramberges de garde en ce point de la côte et faire couler les barques françaises qui viendraient à s'approcher de cette batterie flottante dont les canons à fleur d'eau sont plus meurtriers, par leur tir rasant, que les canons inclinés des vaisseaux par leur tir plongeant.

Au premier abord, la vue de cette batterie inquiète les assiégés, mais ceux-ci voient bientôt qu'elle ne pourra résister à la première tempête ; en effet une nuit, par un vent de nord-est, ces pontons sont dispersés et ce fort flottant disparaît comme par enchantement.

L'ennemi néanmoins ne cesse pas d'inventer chaque jour de nouvelles machines de guerre ; il installe devant le fort une estacade composée de mâts de navires attachés obliquement les uns aux autres par leurs extrémités, afin de déconcerter les assiégés et ceux qui voudraient leur porter secours par mer.

La mer se moque bien vite de ces nouveaux efforts ; le vent brise les amarres, disperse ces mâts qui vont les uns vers le fort, les autres vers le continent ; cet échec des assiégeants est providentiel, car le passage est rendu libre pour le secours arrivé le 7 septembre, comme nons allons le voir bientôt.

L'ennemi attache alors les vaisseaux de la flotte les uns aux autres, au moyen de câbles soutenus sur l'eau par des tonneaux vides, afin de s'opposer ainsi au passage des barques qui viendraient ravitailler le fort.

L'agitation de la mer, en se communiquant aux vaisseaux par le ballottement de ces tonneaux, lui ôte toute confiance dans sa nouvelle invention ; il enlève ces câbles pour recourir à de nouveaux moyens.

Il coule, devant le fort, plusieurs barques remplies de pierres, croyant qu'elles y resteront immobiles et qu'elles seront un obstacle aux barques françaises qui voudraient aborder, mais le courant, favorisé par les vents de nord-est ou de nord-ouest, ne les laisse pas longtemps sur le fond de roche vive qui sert de base au fort Saint-Martin (le bon génie du lieu d'ailleurs ne supporte pas longtemps cette violation de son séjour).

Pendant tous ces efforts des assiégeants, les assiégés ne perdent pas une occasion d'envoyer des messages au continent qui instruisent des efforts inutiles de l'ennemi, de crainte que de faux bruits ne fassent supposer que l'entrée du fort est impraticable au secours tant attendu.

CHAPITRE IX

Convoi de secours sous les ordres de Valin

7 septembre. — Sous le commandement du capitaine Valin arrivent au fort 12 pinasses apportant soldats, vivres et munitions ; mais disons auparavant les mille soins nécessités par la préparation de ce secours.

Comme nous l'avons dit précédemment, le 29 juillet, le cardinal avait dépêché à Bayonne le commissaire de marine Sauve pour acheter des pinasses destinées à faire passer des vivres aux assiégés et pour donner mission au comte de Grammont de les envoyer sous la conduite de du Chalart ou d'un autre capitaine, si ce dernier était retenu en Espagne.

M. Sauve arrive le 14 août à Bayonne ; le 18, seize pinasses sont déjà prêtes, mais du Chalart, qui devait les commander, n'étant pas encore de retour d'Espagne, le comte de Grammont les met sous le commandement de Valin, avec ordre de les conduire aux Sables-d'Olonne au lieutenant du roi et d'attendre là de nouveaux ordres.

Valin fait voile rapidement vers les Sables-d'Olonne, y arrive le 27 août, après avoir rencontré six vaisseaux anglais dans le pertuis d'Antioche, quatre à la pointe des Baleines, qu'il ne put éviter qu'à force de rames après avoir pris le vent sur eux et six devant le Verger du Jard qui prennent le vent sur lui et le poursuivent jusqu'aux Sables-d'Olonne ; ils ne réussissent de part et d'autre qu'à échanger quelques coups de canon sans grands dommages.

Aux Sables-d'Olonne, Valin trouve des secours déjà préparés par M. de Beaumont, consistant en dix-sept barques mises sous le commandement de La Richardière et n'attendant plus que l'ordre du départ ; mais celui-ci ne put partir, bien que Valin lui offrit aide et assistance [1].

L'abbé de Marsillac et l'intendant général Le Clerc font charger chaque pinasse de cinq tonneaux de farine, pois, fèves, biscuits, morue, de vingt barils de grosse poudre, de dix de petite, de beaucoup de mèche, plomb, etc.

Valin veut quitter les Sables aussitôt prêt, mais les huguenots de ce pays lui suscitent des difficultés, débauchent les matelots protestants qu'il a enrôlés, leur montrent sur la plage les cadavres de Français jetés à la mer par les Anglais, qui, pour les empêcher de se sauver à la nage, leur ont lié un bras à une jambe.

Cette mort cruelle épouvante tellement les matelots, déjà dissuadés par les réformés, qu'ils ne veulent plus embarquer.

Valin est contraint de mettre treize maîtres et soixante-dix-huit matelots (reste des deux cents qu'il a amenés) en prison, au pain et à l'eau pendant six semaines et de ne les délivrer qu'au moment de rembarquer.

Avec lui s'embarquent le fils du baron de Saugeon, ainsi

---

[1] Pourquoi, lorsque M. de Beaumont eut le principal rôle et le pouvoir déjà indiqué le 28 juillet, pour porter secours à Toiras, tandis que l'abbé de Marsillac ne fut que son auxiliaire, pourquoi, dis-je, tout le secours vint-il des Sables où était de Marsillac, ainsi que de Brouage et rien de Beaumont qui, cependant, fit de grandes dépenses, reçut de Bigoteau, trésorier à l'épargne, 57,000 livres, du Cardinal 3,750 livres, de Monsieur, frère du Roi, ou du duc d'Angoulême, 12,000 livres, tant le Roi attachait d'importance au secours de cette île... je l'ignore ?... (Réflexion d'Isnard.)

que de Taraube, de Cursol, de Canteloup, de Salières, Perroutel, Besates, Coimpy et Du Lac.

Sur leur demande, il donne à chacun d'eux le commandement d'une chaloupe, se réservant la haute direction de l'entreprise.

En fait de soldats, il embarque le 5 septembre cent vingt hommes du régiment de Champagne, tirés du convoi de Là Richardière qui n'avait pu partir avec eux.

Donc, le 7 septembre, sur les six heures du soir, la flotille lève l'ancre dans l'ordre ci-après : Saugeon à l'avant-garde, à 400 mètres ; Valin à la tête du convoi qu'il doit défendre, même au milieu des ennemis ; s'il est attaqué, les autres passeront pendant qu'il combattra afin que quelques embarcations, au moins, puissent parvenir aux assiégés.

Vers le milieu de la nuit, Valin se trouve auprès de la flotte ennemie, mais il n'a plus que cinq pinasses ; pendant une heure il cherche les autres ; trois fois il élève une lanterne au sommet du mât, signal convenu pour le rassemblement en cas de dispersion. Personne ne répond, il est obligé de retourner vers la Tranche ; là il rallie sept pinasses aux cinq qui lui restent, de Cursol et de Salières ayant dû relâcher à Cou (ou Queue) de Vache et de Saugeon en rivière de Saint-Benoit. (Ce gentilhomme quelques jours après, tentant de nouveau le passage, tomba au pouvoir des ennemis.)

A la tête des douze pinasses qui lui restent, Valin met le cap sur la pointe des Baleines et la côte sauvage. Dès qu'il se trouve en pleine flotte ennemie, il met toutes voiles dehors. Il traverse les vaisseaux anglais au milieu d'une grêle de balles et de boulets qui heureusement n'atteignent personne ; quelques mâts sont brisés, quelques voilés déchirées, une pinasse a une voie d'eau. Après avoir franchi les vaisseaux, il traverse les ramberges, chaloupes et pataches anglaises qui sont en groupes nombreux et qui, ne pouvant atteindre les pinasses à la course, se contentent de leur envoyer de loin quelques bombes et boulets sans les atteindre.

Valin arrive à l'estacade, faite de grands mâts de navires, liés aux deux bouts par des chaînes, maintenus par des câbles énormes à de grandes ancres et formant obstacle à l'entrée du fort.

Il surmonte encore ces nouvelles difficultés, plusieurs pinasses passent par-dessus, grâce à leur vitesse et à la marée haute ; les autres ont la chance de passer dans les brèches faites par la tempête de la nuit précédente.

Il avait plu à Dieu : 1º de ne pas détruire cette digue avant cette tempête, afin de laisser croire aux ennemis qu'il était impossible aux Français de passer ; 2º de rompre cette barrière au moment opportun, c'est-à-dire au moment où les moyens et le temps de la rétablir étaient insuffisants ; 3º de commander cette tempête qui permit au secours de parvenir jusqu'aux malheureux assiégés et de les ravitailler.

Il n'y a que la France (comme peut l'attester non-seulement l'Angleterre, notre ennemie héréditaire, mais encore l'univers entier) qui puisse se glorifier d'être aussi heureuse dans le malheur, aussi assistée dans le péril, aussi secourue du ciel qu'elle le fut, sous le règne de Louis XIII, dit le Juste.

Sa Majesté très chrétienne peut glorifier éternellement celui qui étend toujours sur elle une main secourable, au milieu du malheur, celui dont la puissance éclate dans sa protection et sa providence envers les Français, d'une façon si merveilleuse que l'on est tenté de croire que la France est sa nation de prédilection.

L'estacade était éloignée du fort de plus d'un kilomètre et composée, comme nous l'avons dit, de bateaux, de câbles et de mâts enchevêtrés ; elle formait un demi-cercle commençant du côté de la fosse de Loye et finissant du côté de La Flotte.

Après avoir franchi cette estacade, Valin aborde l'île vers deux heures du matin; cent cinquante mètres avant d'aborder, il est reconnu par les assiégés qui crient : « Vive le roi! Vive à jamais Louis XIII! »

Ses chaloupes s'échouent heureusement au pied de l'un des bastions du fort; là elles sont en sûreté et hors de la portée de l'ennemi.

Au point du jour, pendant que les matelots déchargent les chaloupes, les Anglais leur lancent des boulets mais sans les atteindre.

Ce secours arrivait en temps vraiment opportun, car le fort était réduit à la dernière extrémité, les assiégés étaient malades, Toiras lui-même était très fortement éprouvé par la disette; les moulins étaient presque tous détraqués et 20 chevaux étaient déjà mangés.

Les assiégés dès lors eurent chaque jour « 4 onces de pain et une escuellée de haricots » en sus de l'ordinaire.

Deux jours après, Valin repasse par une nuit noire, avec un bonheur égal à son courage, ramenant dans ses pinasses les malades, les blessés et les femmes catholiques que les ennemis avaient refoulées dans le fort, en tout cent personnes, y compris capitaines, marins et Saint-Preuil que Toiras envoyait au duc d'Orléans, frère du roi.

Plusieurs chaloupes ennemies cherchèrent à s'opposer à leur passage mais ne purent réussir, les pinasses arrivèrent intactes à « Cou de Vache[1] » le matin du vendredi 8 septembre au petit jour.

Ce secours important fait non-seulement reprendre courage aux assiégés qui peuvent désormais espérer de nouveaux ravitaillements et renforts de l'armée du Roi, mais est pour eux un bienfait réel et si opportun que le

---

[1] Anse de la côte située entre la Sèvre niortaise et la baie de La Rochelle.

soldat, quoique accablé de mille maux, ne doute plus du succès et ne redoute plus la continuation du siège.

Cette grande nouvelle que l'on pouvait introduire des vivres dans le fort fait sensation, l'ennemi commence à douter du succès de son entreprise.

Bien que le chargement des pinasses en vivres et munitions soit énuméré ci-dessus, nous en trouvons encore la preuve dans la lettre d'un assiégé, écrite à un sien ami à l'armée du roi, le 10 septembre, trois jours après l'arrivée du secours ; cette lettre enjouée, mais historique, s'exprime ainsi :

« *Buckingam nous veut prendre comme les moines font le paradis, par jeûnes et prières ; l'abbé de Marsillac n'est pas de cet avis, puisqu'il nous fit passer, la nuit d'entre lundi et mardi dernier, plus de 70 tonneaux de toutes sortes de munitions de guerre, de vivres et de médicaments sur des pinasses, que le cardinal de Richelieu son maistre a fait acheter.* »

Et plus loin :

« *Ce ravitaillement par les pinasses décidera du sort de la guerre.* »

Et, à la fin, parlant de la satisfaction et de la joie de Toiras à l'arrivée du secours :

« *Monsieur de Toiras est ravy de joie de voir les soins et la perpétuelle diligence qu'apportent pour notre secours ceux qui gouvernent.* »

Ce même jour, Toiras reçoit la lettre susdite du roi, écrite le 24 août ; elle ranime son courage en lui montrant le cas que le roi fait de sa valeur et les moyens employés pour sa délivrance.

12 septembre. — Marsillac envoie un autre navire de 70 tonneaux, que sa vitesse avait fait nommer « La Poste », sous les ordres de Beaulieu, capitaine de Normandie, ainsi qu'une barque et un bateau chargés de vivres, de muni-

tions, de remèdes, de chaussures, de bas et de chemises.

Ce navire est à peine arrivé à une portée de mousquet
du fort que le courant le fait dériver en rivière de Marans ;
la barque et le bateau sont pris par l'ennemi, les deux
capitaines, blessés, sont faits prisonniers et presque tous
les matelots tués.

14 septembre. — Saint-Surin sort du fort et s'entend
avec Hasburnim, parent de Buckingam, pour aller à la
cour du roi. Buckingam présumait, dans son audace, que
Louis XIII se laisserait tenter par son allié et accepterait
des conditions de paix.

A leur arrivée à Paris, Saint-Surin annonce au roi la
présence de Hasburnim et demande les ordres de Sa
Majesté.

Le roi, devant une démarche de cette importance, considérant et l'honneur du royaume jusqu'alors intact et le
respect dû à sa personne, sur l'avis de son auguste mère
et du Cardinal de Richelieu, rassemble les princes, ducs,
comtes, pairs de France, ses ministres et tous les membres
du Conseil présents à la cour, pour délibérer sur cette
députation.

Saint-Surin ayant exposé le but de son voyage, le
Conseil, à l'unanimité, déclare que le roi ne peut entendre
Hasburnim et ne doit même pas le voir ; que Saint-Surin
ne doit pas l'amener à la cour, car sa présence ne peut
être agréable au roi, tant que Buckingam portera les
armes dans une guerre aussi injuste vis-à-vis du roi que
de son royaume.

Ordre fut donné de veiller à ce que ce personnage ne
vît personne de la cour sans la permission du Roi.

Autorisé cependant par le roi à rendre visite à un
gentilhomme dont il avait acquis l'estime et l'amitié pendant une précédente mission en France, Hasburnim ne
put dissimuler son mécontentement de n'avoir reçu aucune

proposition de paix, disant que pour une seule il eût répondu par douze, toutes sans nul doute très agréables au roi.

Sa Majesté ne crut pas néanmoins devoir l'entendre, d'autant qu'il avait fait courir le bruit qu'il venait traiter de la paix, que quelques-uns, peu soucieux de l'honneur et de la dignité royales, semblaient désirer et espérer de toute la force de leur esprit imprévoyant.

Le roi savait d'ailleurs, de source certaine, que Buckingam commençait, sinon à désespérer, du moins à avoir moins d'espérance du succès de son entreprise téméraire, qu'il cherchait un moyen rapide et favorable de finir la guerre, seul motif qui l'avait guidé dans l'envoi de son allié pour traiter une paix honorable avec la France.

Voyant qu'il ne pouvait parler au roi, Hasburnim demande l'autorisation de se retirer en Angleterre.

Cette autorisation eût été facile à accorder, car la flotte anglaise tenait la mer et communiquait facilement avec l'Angleterre; de plus, ce retour ne pouvait aucunement nuire aux assiégeants; mais, de crainte que ce voyage en Angleterre n'augmentât les bruits de paix, qu'Hasburnim semblât envoyé à son roi pour en porter les préliminaires, que les Français, par ces rumeurs, ne s'endormissent et ne perdissent leur ardeur pour une guerre dont l'heureuse et glorieuse issue ne faisait aucun doute, le roi refusa et décida de le renvoyer avec Saint-Surin à l'île de Ré d'où il était venu.

Sous prétexte que Saint-Surin rapportait de Paris d'excellents remèdes, offerts par le Cardinal pour soigner les blessés, Buckingam, avec une bonne foi toute britannique, le retint prisonnier et refusa de le laisser rentrer au fort, bien qu'il n'en fût sorti que pour accompagner Hasburnim, sous la sauvegarde d'un passeport.

Saint-Surin avait affirmé à la cour, devant tout le Conseil, qu'il y avait dans le fort des vivres pour un mois;

ceci paraissait d'autant plus vraisemblable que le 5 août le baron de Saugeon avait affirmé au roi qu'il restait deux mois de vivres et que Valin, depuis ce temps, avait encore ravitaillé la place.

15 septembre. — Toiras envoie de Taraube vers le roi pour lui déclarer que le moyen qu'il juge le plus sûr pour la défense serait de faire entrer des troupes dans l'île par le fort La Prée, de livrer bataille aux Anglais, de leur faire lever le siège et les chasser de l'île. Tel est, selon lui, l'expédient le meilleur et le plus pressant secours à envoyer au fort.

Toiras avait affirmé au roi, dès le début, qu'il n'y avait rien à craindre pour le fort, tant qu'il aurait des vivres, mais, la fatigue d'un tel siège accablant par sa longueur même les plus patients, il craignait que, poussés à bout, ses soldats ne vinssent à se révolter. Plusieurs déjà étaient passés à l'ennemi en sautant les remparts.

Il craignait que, par le redoublement de vigilance des Anglais, le passage par mer ne fût plus aussi facile qu'il ne l'avait été pour Valin; il savait aussi que les sièges qui traînent en longueur sont exposés à des coups de main; bref, il ne voyait pas de secours plus efficace et plus prompt que l'arrivée d'une armée qui fît lever le siège aux Anglais.

Pour ces motifs, de Taraube (entré précédemment dans le fort avec Valin) fut envoyé vers le roi par Toiras, pour le prier de vouloir bien tenter de délivrer le fort et l'île par l'envoi de troupes.

Toiras priait le roi, si tel était aussi son avis, d'envoyer au plus tôt dans l'île 6.000 hommes, un mois de vivres, des planches pour construire des baraques, des armes, des munitions, le tout sur 200 barques qui aborderaient au fort La Prée.

C'était un projet audacieux pour l'armée qui investissait déjà La Rochelle de détacher de si grandes forces, pour les envoyer au secours d'un fort que l'on considérait déjà comme à demi perdu ; et, pour obtenir un tel résultat, de s'embarquer sur de petits bateaux, de faire voile vers une île assiégée par une grande armée navale, île sur laquelle ni un régiment entier ni à plus forte raison une armée ne pouvait aborder en ordre.

Exposer les meilleures troupes du roi à la mer, aux vents, aux canons de la flotte anglaise, n'était-ce pas vouloir offrir aux Anglais une victoire et précipiter notre défaite? Pour ces raisons bien des gens estimaient : 1º Qu'il fallait plutôt ravitailler de toute manière le fort, puisqu'il n'y avait point d'attaque à craindre de la part des ennemis; 2º que ceux-ci se détruiraient eux-mêmes et par ce seul moyen disparaîtraient sous leurs ruines.

Qu'obtiendraient d'ailleurs les Anglais en s'emparant du fort et de l'île de Ré, si le roi continuait à faire le siège de La Rochelle, à fermer son port, à ôter ainsi aux Anglais l'espoir d'y trouver des subsides; cette prise ne leur servirait donc à rien?

Dès que le roi aurait pris La Rochelle, les Anglais ne pourraient plus rester dans l'île de Ré; il n'y a, disait-on, rien de mieux, rien de plus sûr pour le roi que d'assiéger vigoureusement avec toute son armée La Rochelle, cette ville rebelle et ennemie , ce foyer de sédition depuis soixante ans, cette pépinière de guerre civile.

La Rochelle prise, les troubles cesseront en France ; la paix et la sûreté seront affermies à la grande joie du peuple dont il ne faut pas compromettre les biens, tel était l'avis de la Cour.

Le Cardinal, lui, a des vues beaucoup plus élevées.

Il expose au roi les forces dont il peut disposer, celles qui sont prêtes, celles qu'il fait venir, celles qui arriveront bientôt.

« Avec quelques nouveaux régiments, dit-il, on peut
« cerner La Rochelle, augmenter les postes, renforcer les
« forts qui entourent ce rempart de la rébellion ; avec les

« troupes de l'île d'Oléron, 2.000 hommes de l'armée de La
« Rochelle, 500 cavaliers, on peut secourir l'île de Ré sans
« péril. Cette île est d'une trop grande importance, il faut la
« secourir à tout prix!... Si l'ennemi s'en empare, bientôt
« Oléron sera en son pouvoir et mise aussi par lui en état de
« défense. Pour s'y opposer il faut sans trève ravitailler le
« fort Saint-Martin puisque la mer est libre. Si l'Anglais s'en
« empare, il sera maître de toute la côte, accaparera le
« blé, le vin et le sel, les interceptera aussi à Brouage, à
« Marennes, sur tout le littoral, ainsi que les vins et
« autres denrées de la Gironde, au grand détriment du
« commerce français; il fera à tout propos des incursions
« dans nos provinces du littoral, se rendra maître des
« plus proches, augmentera de jour en jour ses forces et
« marchera de victoire en victoire.

« Le succès que l'Anglais remporterait à l'île de Ré
« serait suivi des pires résultats pour la France ; il ne faut
« lui laisser remporter aucun avantage, ni souffrir qu'il se
« mêle de quoi que ce soit; la divine Providence, qui pro-
« tège la France, s'étend sur elle et la secourra, comme
« elle l'a toujours fait.

« La perfidie anglaise est trop forte pour rester impunie ;
« l'injure faite au roi de France est trop flagrante pour
« passer sous silence. Il faut tout entreprendre pour
« chasser l'ennemi. L'Anglais repoussé, La Rochelle est
« privée de secours et forcée de se rendre sans grande
« difficulté pour nous. »

Ces projets et tant d'autres aussi judicieux de la part du
Cardinal sont approuvés du roi. Il ordonne aussitôt l'envoi dans l'île, par le fort La Prée, de 4.000 hommes. Pour
ne pas affaiblir son armée devant La Rochelle, ces hommes
seront tirés des régiments de Navarre et de du Plessis-
Praslin, en garnison à l'île d'Oleron.

On expédiera par des barques autant d'hommes et de
chevaux qu'elles pourront en contenir, avec vivres et four-

rages pour un mois, ainsi que des armes, des planches pour abri, des pelles, pioches, etc..., pour construire des retranchements.

Aussitôt l'arrivée de ces troupes au fort La Prée, elles s'abriteront immédiatement par des tranchées au fur et à mesure de leur débarquement et jusqu'à l'heure de l'attaque.

Le roi ordonne en outre de faire passer de suite 500 hommes avec un nouveau convoi de vivres dans le fort Saint-Martin. Il envoie de Taraube au duc d'Angoulême, pour lui porter ses ordres à ce sujet et pour rassembler de toutes parts les barques nécessaires.

Le Cardinal propose alors au roi de prendre toutes les barques du port de Brouage et d'avancer lui-même les frais, le trésor étant épuisé, ce qui fut accepté.

Il compte à l'évêque de Nîmes, frère de Toiras, 6.000 écus pour rechercher toutes les barques disponibles des côtes de Poitou et de Bretagne.

Le roi est résolu à se rendre à son armée ; ses forces sont un peu revenues, mais pas encore suffisamment pour s'exposer à un si pénible voyage à l'approche de l'hiver si le courage ne suppléait à la force, si l'amour de ses sujets, la paix du royaume, la justice de sa cause, l'intérêt de la gloire de Dieu dans lequel il met toute sa confiance, ne lui donnaient plus de vigueur que la convalescence ne peut encore le faire.

A Saint-Martin, on ne confère plus avec Buckingham depuis quinze jours ; le duc a expressément interdit sa porte, ainsi que toute communication avec les assiégés, sauf au sujet de la reddition de la place.

Toiras se voit obligé de parlementer, car il n'a plus que quatre jours de vivres.

Je cite ici cette détermination parce que les mémoires du temps en font mention, bien qu'il soit incroyable ; d'après les témoignages publics, d'après la lettre de Toiras au roi, d'après le récent ravitaillement de la place, que les choses en fussent arrivées à cette extrémité. Que ce soit une manière de réclamer du secours pour ne pas tomber en détresse, que ce soit la pure vérité, toujours est-il que cette nouvelle jette le roi, les ministres, le grand conseil dans la plus grande perplexité.

Bien que je ne veuille rien critiquer, je ne conseillerais pas à des assiégés de suivre cet exemple, de peur que, croyant tout perdu et n'ayant pas le temps de préparer des secours, un roi et ses généraux ne se décident à traiter sur des bases défavorables; ce qui n'aurait pas lieu s'ils connaissaient la réalité de la situation, c'est-à-dire les ressources de la place assiégée et le laps de temps pendant lequel elle peut tenir encore.

Les premiers succès d'une entreprise accroissent souvent le courage nécessaire à sa continuation, tandis que la crainte, le désespoir, l'inutilité des efforts affaiblissent le meilleur courage.

Lorsque de Taraube apporte à l'armée devant La Rochelle la nouvelle que le roi ordonne d'aller combattre les Anglais, les officiers sont dans la joie, les soldats applaudissent et se livrent à des manifestations d'enthousiasme de toutes sortes.

Les ordres du roi sont exécutés de suite, l'évêque de Mende et l'abbé de Marsillac, auxquels le Cardinal envoie tous les jours de l'argent et des courriers, rassemblent des denrées et en chargent des navires afin que le passage des troupes et des vivres s'effectue en même temps dans l'île.

On prépare les troupes pour les faire passer de divers points; le duc d'Orléans, arrivé à l'armée, ordonne au duc de La Rochefoucault d'aller en Olonne et de préparer l'embarquement de troupes au premier signal.

Les mêmes préparatifs ont lieu en Oleron et en Brouage; de toutes parts on rassemble des vivres et des munitions; tout ce qu'on peut trouver en Charente, en Seudre, à La

Tranche, au Plomb et ailleurs est pris sur-le-champ pour
l'expédition.

16 septembre. — Le roi encore en convalescence, dans
la charmante ville de Saint-Germain-en-Laye, avant de se
rendre à son armée, écrit à Toiras et à ses compagnons
pour leur prouver combien leur fidélité, leur courage et
leur persévérance lui sont agréables.

Monsieur de Toiras[1],

*Je ne sçaurois vous tesmoigner assez à mon gré le
contentement que i'ay de la courageuse et constante
défense que vous, et ceux qui sont dans la citadelle
Sainct Martin, rendez pour la conservation de ceste
place.*

*Je sçay que les uns et les autres y estes poussez, par
le zèle et devotion que vous portez tous à mon service, et
au bien de cet Estat, grandement intéressé au succez
de ceste entreprise.*

*C'est pourquoy ie vous asseure que le service que vous
rendez tous, régardé non seulement de la France, mais
de toute l'Europe, sera dignement recogneu envers tous
les Gentilshommes, Capitaines, Officiers et Soldats qui
vous assistent.*

*Et qu'outre la gloire et l'honneur que vous y acquer-
rez, la récompense en sera telle, qu'elle esgalera, s'il
se peut, le mérite d'une si belle, si importante et
signalée action. Je ne vous exhorte pas icy de perse-
verer en la résolution que vous avez pris de conserver
la place que vous avez iusqu'icy si vaillamment et
vertueusement défendüe, car ie suis asseuré qu'il n'y
a aucun d'entre vous à qui la vie ne soit beaucoup moins
chère que l'interest de la réputation de vostre Roy et de
ceste Couronne.*

---

[1] Texte du temps, d'après la relation de Michel de Marillac, garde
des sceaux du roi.

Souvenez-vous seulement que vous combatez pour l'un et pour l'autre, et pour l'honneur de la Nation que des Estrangers sont venus de gayeté de cœur assaillir en pleine paix, et que tout le monde qui commence dans la suite de vostre défense, à loüer et exalter la valeur, le travail et la patience des François, se promet de vostre vertu une yssüe aussi glorieuse pour nous de ceste entreprise, comme pleine de honte et de confusion aux Ennemis.

J'ay donné ordre de toutes parts pour vous faire secourir d'hommes, de vivres et munitions de guerre. J'espère que vous en recevrez bien tost l'effet, ainsi que l'on a commencé.

Outre ces rafraichissements, mon armée navale s'en va preste et capable d'un plus puissant secours, et de mettre sur la défensive ceux qui maintenant nous attaquent.

Et afin de ne rien oublier de ce qui peut estre necessaire, pour l'assistance de tant de gens de bien, qui estes attachez à la défense de ceste place, maintenant que ma santé me peut permettre de monter à cheval, i'ay résolu de partir le vingt-cinqiesme de ce mois de Dourdan, pour m'acheminer le plus diligemment que ie pourray en personne en mon armée, et pourvoir par ma présence à tout ce que ie verray estre convenable pour faire lever le siège aux Ennemis, me promettant que par vostre courage et bonne patience ie pourray arriver assez à temps pour cet effet.

C'est ce que ie désire de vous et vous ordonne que vous faciez une liste, contenant tous les noms et surnoms des Capitaines, Officiers, Gentilshommes et soldats, qui sont dans la citadelle et que vous me l'envoyez, afin que ie connoisse et face connoistre au public, le nom et le mérite de ceux qui ont si bien mérité de moy, et de la France.

Sur ce, je prie Dieu, Monsieur de Toiras, qu'il vous ait en sa saincte garde.

Escrit à Sainct-Germain-en-Laye, ce seiziesme septembre 1627.

Signé : Louis.

Contresigné : Phelippeaux.

Cette lettre, sur l'ordre du roi est établie en deux expéditions données l'une à de Brouilly, l'autre à de Gribauval de telle sorte que si l'une était interceptée ou perdue, l'autre put parvenir à Toiras.

Ces deux gentilshommes, lors du secours, passèrent sur des navires différents; tous deux parvinrent auprès de Toiras.

20 Septembre. — L'abbé de Marsillac qui met tout en œuvre pour envoyer des vivres aux assiégés, dirige vers le fort cinq barques (nommées chattes) chargées de farine, fèves, pois, morue, sardines, beurre et chandelles; mais, pourchassées par l'ennemi, elles doivent relâcher en rivière de Saint-Benoist.

22 Septembre. — Le capitaine de navire Maupas, fils de la Richardière, parti de nuit à la tête d'un convoi de sept barques, parvient au fort Saint-Martin, deux heures avant le jour avec une barque de 25 tonneaux, chargée de vivres pour 8 jours et portant trente hommes du régiment de Chappes commandés par le chevalier du Mesnil; les six autres barques du convoi sont obligées de relâcher.

A marée basse, les ennemis s'avancent vers cette barque et tentent d'y mettre le feu, mais ils sont reçus vigoureusement et forcés de s'enfuir après un combat sanglant dans lequel ils perdent deux capitaines, deux lieutenants, un sergent et ont nombre de soldats tués ou blessés.

Le colonel *Bourach*, lieutenant-général anglais, homme de guerre et de talent, est tué au siège du fort, au milieu d'une tranchée, au dire des ennemis

Pour le retirer, ceux-ci font par trois fois une épaisse fumée ; à la troisième fois la fumée est si intense qu'ils peuvent sans coup férir emporter le colonel et plusieurs hommes tombés près de lui, ne laissant que six morts et un blessé, que Toiras leur permet d'enlever dans la soirée.

Furieux et désolé de cette illustre mort et autres pertes cruelles, l'ennemi met ses pavillons en berne en signe de deuil et, ce matin même, profitant d'une forte marée, avance ses vaisseaux le plus près possible du fort et le bombarde, ainsi que la barque échouée la veille, avec plus de 300 pièces de canon.

Dans ce bombardement opiniâtre, de Montferrier, frère de Toiras, est tué par un boulet ; c'était un gentilhomme noble entre tous par son génie et son cœur. Assiégeants et assiégés sont plongés ce jour même dans un deuil qui ne l'eût cédé qu'à la mort de leur chef.

30 Septembre. — Un nouveau convoi de vivres arrivé en vue du fort est repoussé par l'ennemi. Les assiégés craignent dès lors un insuccès semblable pour le grand convoi annoncé, une plus rigoureuse surveillance ayant lieu de la part de l'ennemi ; ils craignent les horreurs de la famine, eux que ni le fer ni la force ni le feu ne peuvent vaincre ; un prompt secours est leur dernière espérance.

1er Octobre. — Les ennemis attaquent, en plein jour, sur le rivage entre le fort et Saint-Martin, une masure retranchée par ordre de Toiras ; ils arrivent si près de ce retranchement que le combat a lieu même à coups de pierres.

Après avoir longtemps tiré le canon, ils montent à l'assaut et, du premier élan, arrivent au parapet ; mais ils sont aussitôt repoussés dans leurs retranchements, laissant sept des leurs sur le sol, sans compter le mal que nos canons leur font dans leur retraite.

Le jeune de Renié, enseigne-colonelle (mort, depuis, des blessures par coups de pierres reçues en cette attaque) montra beaucoup de courage, comme toujours d'ailleurs, depuis qu'il s'échappa des mains de l'ennemi qui le retenait prisonnier, pour venir heureusement servir au fort Saint-Martin.

Ce petit retranchement avancé n'était véritablement pas sans importance; sa conservation intéressait celle du fort. Ce fut en effet un point stratégique. Quoi qu'il en soit, les soldats de Toiras recommencent à murmurer, à menacer de se révolter et de se rendre. Cent d'entre eux passent à l'ennemi.

A la nouvelle de ce malheur, sachant qu'en paix même ils s'étaient déjà soulevés, Toiras, malade au lit depuis un mois, fait appeler les sergents, caporaux et lanspessades pour les interroger. Les voyant très attachés au roi, il se contente d'apaiser les esprits et leur promet de se rendre si les secours n'arrivent pas dans la huitaine.

Pendant ce temps, la sollicitude du roi et les soins particuliers pour la conservation de la place redoublent, le cardinal de Richelieu s'en occupe activement (comme nous l'avons vu). Les ravitaillements préparés par ses ordres en Oléron et en Brouage, ainsi que ceux préparés par l'abbé de Marsillac en Olonne, sont prêts à partir.

Ceux-ci avaient été secondés par le duc de la Rochefoucault et l'évêque de Mende. Ce dernier, au commencement de septembre, avait été déjà avec Richelieu le pourvoyeur du premier secours.

A l'arrivée du cardinal au camp de La Rochelle, le convoi de Brouage est expédié pour se joindre à celui des Sables-d'Olonne, auquel se joint aussi le reste du convoi de la Richardière dont il a été question plus haut.

L'évêque de Nîmes et de La Forest, frères de Toiras, font aussi pour le secours du fort tout ce que leur dicte leur amour pour le roi et pour leur frère.

3 octobre. — Le cardinal, en son château de Richelieu, reçoit du roi communication de lettres qui lui sont adressées par son frère, le duc d'Orléans. Dans ces lettres, celui-ci l'avertit du péril imminent du fort et de l'instante nécessité de le secourir par une armée.

Richelieu écrit aussitôt au duc d'Angoulême de faire passer dans l'île de Ré pour la sauver toutes les troupes d'Oléron.

Les défenseurs du fort Saint-Martin en sont réduits à une telle extrémité qu'ils délibèrent sur leur reddition, alors que le roi, le duc d'Orléans son frère et le cardinal se préoccupent de sa délivrance.

6 octobre. — Sur l'ordre de Toiras et selon la promesse faite par lui aux soldats consternés et aux séditieux, de Montaud est envoyé vers Buckingam pour demander quelle capitulation honorable il lui plairait d'accorder aux assiégés :

« Celui-ci répond qu'il les connaît trop courageux et trop
« fidèles à leur Roi pour se rendre, sans être réduits à la
« dernière extrémité. Qu'il fera des conditions équitables
« et dignes de gens aussi généreux mais qu'il se réserve
« de leur faire connaître le lendemain les conditions qui
« lui paraîtraient les meilleures. »

Cette réponse est des plus agréables à Toiras, aux gentilshommes, aux officiers, à tous ceux qui conservent encore de l'espoir et ne cherchent qu'à traîner les choses en longueur.

Le Souverain arbitre, qui veut délivrer les assiégés d'un si grand péril, aveugle l'esprit de l'ennemi au point de l'obliger à réfléchir dans le moment le plus critique alors qu'il n'y a plus de temps à perdre.

Avec quelle promptitude un général plus expérimenté et plus prudent eût-il réglé la capitulation et résolu autant que possible en une réponse nette et catégorique une question de cette importance.

7 octobre. — De Montaud étant tombé malade, de Soubran et des Etangs sont envoyés en son lieu et place vers Buckingam pour recevoir les conditions de la capitulation.

Buckingam, se ravisant, leur dit d'exposer eux-mêmes leurs conditions ; ceux-ci lui répondent n'avoir reçu mandat de Toiras que pour lui rapporter les volontés du duc ; sur cette réponse, Buckingam les renvoie, leur accordant trois heures pour rapporter leurs conditions par écrit.

Toiras, à cette nouvelle, envoie un tambour annoncer au duc qu'il y a dans la citadlle quatre sortes de gens : des religieux, des volontaires, des soldats et des insulaires ; que pour les consulter on n'a pas assez de trois heures, qu'on le prie d'attendre la réponse jusqu'au lendemain.

Buckingam, irrité de cette réponse, fait tirer aussitôt sur le fort un coup de canon et lancer quantités de grenades à feu.

8 octobre. — La famine et mille autres malheurs désolent définitivement les assiégés; on en est arrivé à attendre le lendemain pour conclure la capitulation et rendre la place.

Bibliographie. — *Véritable récit du secours entré en l'isle de Ré,* conduit par les seigneurs et les capitaines cy-après nommés le 8 et 9ᵉ du présent mois d'octobre 1627 et feste de Saint-Denis. — A Paris, chez Charles Hulpeaux, marchand-libraire, demeurant sur le pont Saint-Michel, à l'Anchre double, 1627, petit in-8°, 8 pages, rare, anonyme.

— *Le secours de la Citadelle de Ré.* Envoyé la nuit du six au septiesme du présent mois. — A Paris, chez Denys Langlois, au Mont Saint-Hilaire, 1627, petit in-8°, 8 pages, rare, anonyme.

X

Convoi de secours sous les ordres de Maupas[1]

Au moment où tout est désespéré au fort Saint-Martin apparaît le « *Deus ex machinâ* », pour employer une expression consacrée. En effet, Dieu qui préside aux décisions du roi et, du haut de sa sagesse, considère le fond de son cœur, va mettre tout en œuvre pour favoriser les desseins de ce prince.

Deux heures avant le lever du soleil, un envoi providentiel de vingt-neuf navires est fait à ces affligés, à ces désespérés et cela d'une manière si admirable et si merveilleuse qu'elle mérite d'être décrite en tous ses détails.

Deux jours auparavant (6 octobre) l'évêque de Mende et l'abbé de Marsillac ont armé et chargé, sur l'ordre du cardinal, aux Sables-d'Olonne, avec mille peines et dépenses, des navires qui n'attendent plus qu'un vent favorable. Au point du jour, après une messe à sainte Madeleine pour l'heureux succès de l'entreprise, la flottille quitte le port.

Celle-ci se compose de trente-cinq voiles, tant barques que flibots, traversiers, pinasses, etc. ; de 400 marins, 300 soldats, 60 gentilshommes dont plusieurs de la maison

---

[1] Fils de la Richardière, plus connu sous le nom de capitaine Maupas.

du Roi. Desplan, de Beaulieu-Persac, de Launay-Rasilly, de Cahusac, Audoin et divers autres capitaines en ont le commandement.

A quatre heures du soir ceux-ci se rendent en rade des Sables-d'Olonne, prêts à partir pendant la nuit à la faveur d'un vent N.-O. assez vif. A 7 heures, le vent saute au S.-O., une tempête s'élève, dure toute la nuit avec pluie, rafale et mer agitée.

Le capitaine Audouin avec ses pinasses est forcé par la tempête de rentrer dans le port des Sables. Les barques, flibots et traversiers, toute la nuit et le jour suivant (jeudi 7 octobre), restent en rade, ancrés sur les bas-fonds, essuyant le choc des vagues et la fureur des vents. Enfin vers midi, le vent saute au N.-O., vent favorable, envoyé de Dieu pour leur donner une heureuse traversée.

Les pinasses rallient les autres bateaux, ceux-ci se rassemblent, le vent est constant et favorable, le mot d'ordre est donné : « Vive le Roi, Passer ou Mourir! »

La nuit tombe, il est près de 8 heures, la flottille déploie ses voiles, un peu trop tôt peut-être, ce qui oblige à mettre quelque temps le cap à la mer en attendant la marée afin de pouvoir effectuer le trajet plus facilement et faire réussir le convoi de secours.

Enfin, sur les 10 heures, la flottille se dirige vers l'île, Maupas conduit l'avant-garde. Il a déjà passé et repassé au milieu des navires anglais, est même entré dans le fort Saint-Martin, en est ressorti sain et sauf, il en connaît par conséquent les bords et les abords et est de ce fait un pilote très précieux que seconde le jeune Desplan.

De Beaulieu-Persac est à l'aile droite avec de Launay-Rasilly, d'Annery, La Gagne, Roquemont et le commissaire Calotis.

A l'aile gauche sont de Brouilly, capitaine au régiment des Chapes, de Cahusac, de La Roque-Soutiers, de Joncquières et quelques autres gentilshommes volontaires.

Après eux viennent 4 barques conduites par La Treille, Odöuart, Masson et Martin, tous quatre excellents pilotes.

A la suite vient Audouin, avec 10 pinasses et 10 traversiers de Brouage, suivi lui-même du flibot très bien armé de Marsillac, commandé par le capitaine de Cantelou accompagné du jeune de Beaumont, page du cardinal.

A l'arrière-garde, sont 5 barques d'Olonne sur lesquelles se trouvent plusieurs gentilshommes volontaires ; Laméras qui avait déjà accompagné le capitaine Valin à l'aller et au retour, dans sa première traversée, y est également.

La flottille côtoie d'abord la Vendée jusqu'à ce qu'elle reconnaisse les feux-signaux du fort Saint-Martin. Peu après elle aperçoit à distance la flotte ennemie. Celle-ci avait connaissance de l'expédition mais ignorait la direction prise qui était contraire à leur supposition et à leur attente.

En effet, dans le principe, il avait été convenu que la flotille gagnerait la pointe des Baleines, longerait toute la côte sud de l'île, arriverait par la pointe du Couronneau en évitant les ramberges ennemies et pénétrerait dans le fort Saint-Martin.

Cette résolution prise aux Sables et approuvée de tous avait dû être modifiée car certains traîtres à leur patrie et à leur Roi avaient livré ce secret d'État à l'ennemi.

Dieu qui protège le roi très chrétien et conduit l'entreprise avait fait, en temps opportun, changer la résolution des capitaines, de sorte qu'au lieu d'aller aux Baleines et de côtoyer l'île, ils avaient résolu de traverser en pleine flotte ennemie, malgré la canonnade et la mousquetade. Un tel péril n'arrêta pas en effet ces Français audacieux, le courage l'emporta sur la crainte du danger, rien ne put faire changer leur détermination prise de : « Passer ou mourir. »

La flottille s'avance donc, toutes voiles dehors, poussée par un vent favorable. Elle se croit déjà près de Saint-Martin, lorsque le vent arrière tombe si subitement que les bateaux restent en panne près de deux heures, sans pouvoir avancer ni reculer.

Ce péril imminent cause un grand effroi aux Français cependant prêts à mourir. Non seulement ils vont être, au point du jour, à la merci des ennemis, mais, le convoi intercepté, c'est la mort des assiégés ou la reddition de la place.

Cet effroi n'abat pas leur espoir et leur courage. Ils implorent le secours du ciel. Ce secours ne se fait pas attendre, une brise légère venue certainement du ciel s'élève alors et leur permet de poursuivre leur course.

Une demi-heure après ils voient les feux que Toiras fait entretenir dans le fort et ceux que l'évêque de Mende et La Richardière père entretiennent sur la côte opposée de Vendée, selon les conventions.

La vue de ces feux ravive dans le cœur de ces braves un enthousiasme aussi généreux qu'extraordinaire.

Ils saisissent leurs armes sans songer à l'inégalité des forces ; cette flottille, si l'on peut même l'appeler ainsi, s'avance au milieu de la flotte imposante et puissante des ennemis, sous une grêle de balles, boulets, grenades, bombardes, bravant la poursuite et l'attaque de plus de cent ramberges et passe avec une rapidité qui tient du prodige.

Dans cette lutte nocturne, la barque de Maupas est trouée par un boulet, son mât brisé, un chirurgien tué. Le capitaine Audouin, d'un coup de sabre, abat le bras d'un Rochelais du parti anglais qui lui avait saisi son gouvernail.

Tous combattent avec tant de valeur qu'ils s'ouvrent un passage malgré les ennemis et si heureusement que, des trente-cinq navires partis des Sables, à part cinq obligés de relâcher, vingt-neuf entrent victorieusement dans le port du fort Saint-Martin.

La barque conduite par de Beaulieu-Persac et de Launay-Razilly est malheureusement prise par l'ennemi ; elle s'était embarrassée dans les mâts et cordages que les Anglais avaient amarré les uns aux autres, à l'avant et à l'arrière des vaisseaux ancrés en demi-cercle afin de mieux défendre l'accès du fort, d'intercepter les convois et de bombarder les assiégés plus commodément.

Les marins de cette barque se voyant ainsi cernés, l'un d'eux se jette à la mer armé d'une hache et coupe les câbles qui les retiennent. La barque passe déjà librement entre deux vaisseaux, lorsqu'un nouveau malheur arrive.

Le contre-maître de la barque de Maupas coupe un câble qui l'arrêtait, ce câble, en tombant dans la mer, s'enroule autour du gouvernail de la barque de Launay-Razilly et l'entraîne vers une ramberge anglaise.

Aussitôt l'ennemi se précipite vers cette barque et engage un vif combat. Le français La Guerte, ex-page de Madame Henriette, reine d'Angleterre, au péril de sa vie ou de sa liberté, pourfend un des Anglais, ne voulant pas leur laisser la victoire sans combat.

Enfin, liés par des cordes, plutôt que vaincus par les armes, ne pouvant plus, ni par la main, ni par le fer, se débarrasser de leurs liens, de Launay se rend, promettant pour sa rançon et celle de ses compagnons 10.000 écus, heureux d'une part de voir ses autres compagnons passer sains et saufs, mais désespérés d'autre part de se voir ainsi faits prisonniers,

Les Anglais voyant leurs efforts insuffisants et le reste du secours passer librement, lancent à la suite du convoi un brûlot préparé depuis longtemps.

Ce brûlot, à la faveur de la nuit, échoue dans le port du fort avec le convoi, sans être remarqué ; cette perfidie ne paraît qu'au moment de l'incendie dans lequel trois Anglais vont succomber.

Les Français présents veulent les laisser périr dans l'incendie qu'ils ont eux-mêmes allumés, mais Toiras, dans sa clémence, ordonne de les délivrer et de leur sauver la vie.

Les trois Anglais arrachés aux flammes, on laisse le brûlot se consumer seul, sans atteindre les barques françaises, grâce au vent qui souffle du côté opposé.

L'arrivée imprévue de la flottille irrite les assiégeants qui quittent leurs tranchées, se jettent sur leurs armes, accourent et tirent sur les arrivants. Les Français ripostent vigoureusement, mais ont à déplorer la mort de de Brouilly, qui, blessé d'une mousquetade, périt au port.

Dans cette traversée les Français perdent donc de Brouilly et le chirurgien de Maupas, tués tous deux ; les autres, tombés au pouvoir de l'ennemi, sont de Launay-Razilly et ses compagnons.

C'est dans ce changement de décision de la part des capitaines des navires français que l'on peut admirer le secours de la Providence en faveur de la France car c'est elle assurément qui inspira les Français et qui trompa les ennemis pris à l'improviste.

Les Anglais faisaient une croisière le long de l'île avec 150 pinasses, canots, chaloupes, ramberges chargés de combattants et d'engins de guerre ; ils attendaient la flottille au passage et lui eussent fait subir une importante défaite ou tout au moins eussent empêché le ravitaillement si Dieu, le souverain maître, n'eût changé subitement l'intention des Français et leur direction.

A 8 heures du matin de ce même jour, des Étangs et de Soubran devaient retourner vers Buckingam et lui porter les propositions de paix par écrit, mais l'arrivée de ce secours change totalement l'intention des assiégés, qui élèvent au bout de leurs piques forces bouteilles de vin, coqs d'Inde. chapons, jambons, langues de bœufs et autres denrées et les montrent aux Anglais par-dessus les murs.

Les maîtres canonniers, arrivés avec le convoi, bombardent les vaisseaux anglais, qui, croyant la place encore dépourvue de poudre, s'étaient approchés autant que possible des remparts.

Ce convoi amène au fort plus de 200 tonneaux de farine (deux et demi suffisent par jour), 60 tonneaux de vin, du vin d'Espagne, trois caisses d'objets de pansements et de médicaments pour malades et blessés, quantité de morue, pois, fèves, huile d'olive, vinaigre, jambons, 60 bœufs salés, moutons vivants, chemises, chausses, chaussures, capotes de sentinelle, douze douzaines de paires de gants, fourreaux d'épée, planches pour baraquements, charbon de terre, deux chirurgiens, seize pointeurs canonniers, enfin les gentilshommes, marins et soldats déjà comptés.

Ce secours cause aux assiégés une joie indescriptible à la vue des renforts attendus si impatiemment et à la nouvelle que le Roi guéri se rend à son armée[1].

La lettre que le Roi avait écrite le 16 septembre à Toiras, datée de Saint-Germain, dont la teneur est ci-dessus, est remise à celui-ci et ne contribue pas peu à lui rendre joie et espérance.

Il est à remarquer, comme le fit d'ailleurs tout catholique et bon Français, que, de même que la France avait reçu jadis l'évangile de saint Denis, apôtre et martyr du christianisme, de même la France, combattant pour son Roi dans cette île, recevait le 8 octobre, grâce à ce saint, ce secours si précieux la veille de sa fête.

Saint Denis, dont la basilique située à Saint-Denis près Paris, renferme les tombeaux des rois de France, éveille ainsi pour sa fête les ombres de ces héros, pour secourir puissamment Louis le Juste, gardien fidèle de la foi catholique en France.

Nous ajouterons à ces réflexions, l'épigramme curieux, fait par un Français à ce sujet :

---

[1] Les neuf alinéas suivants sont omis dans la relation de Marillac.

Buckingam, vous aviez juré
De prendre Saint-Martin-de-Ré.
Si saint Denis, seul et sans teste,
A renversé tous vos desseins,
Jugez, que feront tous les saints,
S'ils vous rencontrent à leur feste ![1]

Nous avons transcrit cette épigramme d'autant plus volontiers que l'auteur est loin de rêver, ou s'il rêve, c'est le rêve prophétique dont parle Homère comme d'un oracle de la volonté divine.

En effet un mois après, le dernier jour de l'octave de la Toussaint, arriveront de plus puissants secours, qui non seulement feront lever le siège du fort mais encore forceront les Anglais à prendre honteusement la fuite.

L'année suivante, le jour même de la Toussaint, Louis, victorieux, fera son entrée à La Rochelle (dernier rempart de la rébellion française jointe à la faction anglaise) devant les habitants terrifiés et forcés de se rendre, après avoir en vain compté sur les Anglais.

Rappelons encore que la nuit où le convoi se dirigeait par mer vers le fort, les Carmélites, dans la basilique de Notre-Dame-des-Champs, au faubourg Saint-Jacques, inspirées de l'Esprit divin, avaient élevé leurs prières et répandu leurs larmes devant le Saint-Sacrement pour le bonheur du roi, l'intégrité du royaume et le salut des assiégés.

Il serait impossible de dire les jeûnes et les prières que firent moines et religieux, les prières publiques qui furent dites dans toutes les églises de Paris pour l'heureuse issue des sièges de Ré et de La Rochelle, pour l'Église et la France, mais revenons à notre récit.

Même date. — Dès le point du jour les anglais lancent force boulets rouges sur les barques pour les incendier mais en vain. A marée basse les chaloupes sont à sec.

[1] Saint Denis est représenté habituellement décapité.

A cette vue, les assiégeants viennent de deux côtés les assaillir, mais les nôtres les repoussent et les obligent à se retirer après avoir laissé nombre de tués et trois prisonniers ; ceux-ci, interrogés, disent que le brûlot était préparé depuis plus d'un mois.

Vers deux heures de l'après-midi, à la marée haute, les ennemis reviennent sur une multitude de chaloupes, galiotes, pataches et un autre brûlot pour incendier ce qui n'était pas encore déchargé.

Il y eut de part et d'autre échange de mousquetades et de canonnades qui ne firent que peu de mal et ne causèrent que peu de pertes.

Le brûlot malgré les efforts des nôtres est poussé vers nos chaloupes, mais elles s'en débarrassent à la fin et il se consume sans incendier le convoi.

Au fort, Desplan est légèrement blessé par l'explosion d'un baril de poudre qui sauta dans un baraquement.

Vingt barques endommagées, ne pouvant plus tenir la mer, servent à construire des baraques ou à chauffer les assiégés après avoir été déchargées.

Vers neuf heures du soir, les assiégeants font sauter une mine sous l'ouvrage avancé de Saint-Martin, pour monter à l'assaut par la brèche que cette mine aurait faite ; mais la poudre, mise en trop petite quantité, ne réussit pas, la mine d'ailleurs étant inachevée, tout se borna à de la fumée ; la poudre seule brûla, aussi abandonnèrent-ils ce moyen d'attaque.

9 octobre. — Le roi arrive à Niort, ravi de l'heureuse nouvelle du ravitaillement du fort Saint-Martin, présage de la réussite que Dieu semble promettre à ses armes, heureuses promesses d'un plus grand succès.

12 octobre. — Le roi arrive à l'armée devant La Rochelle, apportant à ses soldats le bienfait de sa présence, à ses fidèles la sécurité, et à tous la joie.

Cette présence réconforte son armée, réveille dans tous

les cœurs l'amour du roi et de la patrie, le soldat oublie tous les maux endurés dans une province où la guerre règne depuis sept ans, il oublie l'entrée de l'hiver, les maladies, les intempéries, les pluies continuelles.

Il oublie les gardes, les travaux de siège, les factions, les plaintes, il est plus heureux de servir et de remplir ses devoirs que jamais.

Louis XIII trouve son armée aussi active que vaillante, grâce au commandement et à l'entraînement de Monsieur, duc d'Orléans, son frère, qui en avait détaché une partie pour l'envoyer au secours de l'île de Ré.

Dès son arrivée, le roi, sans prendre de repos, passe en revue toute cette armée, les forts, leurs garnisons, leurs vivres et munitions ; l'artillerie, la cavalerie, l'infanterie, afin de mieux connaître ses forces et assurer ses desseins.

15 octobre. — Trois jours après, voulant presser la mise en fuite de l'ennemi, selon ses plans de campagne arrêtés à Paris dès le 15 septembre précédent, il fait jeter dans l'île de Ré, par le fort La Prée, 6.000 hommes et 300 chevaux.

Il nomme le maréchal de Schomberg son lieutenant général dans cette expédition et lui en donne le commandement en chef; il lui adjoint, comme maréchal de camp, Louis de Marillac, qui prendrait à son tour les fonctions de lieutenant général, si par quelque malheur Schomberg venait à manquer.

Il faut voir les soins que le roi prend dès ce jour pour pouvoir apprécier son courage, sa vigilance, sa célérité, sa science militaire ; tout le monde en est émerveillé. Il choisit lui-même nominativement les maîtres de camp [1], les capitaines, les officiers, les soldats avec un tel jugement qu'il est facile d'en augurer un heureux résultat.

---

[1] Colonels commandant les régiments.

L'abbé de Marsillac prépare à Olonne un convoi de quinze barques et onze pinasses remplies de toutes sortes de vivres, pour le fort Saint-Martin et un second pour le fort La Prée, composé de dix-neuf chattes. Ces deux convois doivent appareiller dès que l'état de la mer le permettra.

Ni l'un ni l'autre ne put prendre la mer avant le 9 novembre ; ils essayèrent en vain de faire la traversée, plusieurs bateaux échouèrent ou relâchèrent, les autres n'arrivèrent à Ré qu'après la défaite des Anglais.

16 octobre. — Le capitaine Audouin réussit à quitter le fort Saint-Martin de nuit, emmenant plusieurs barques du dernier convoi, remplies de malades et blessés que Toiras lui a confiés et les fît passer sur le continent sans incident.

17 octobre. — De Beaumont apprenant que le roi se plaint qu'il n'ait encore envoyé aucun secours au fort Saint-Martin et recevant l'ordre d'envoyer sept bateaux au fort La Prée où le passage est libre, envoie les sept bateaux au premier bon vent avec un mois de vivres pour cent hommes qui passent tous facilement.

Autant cette traversée est heureuse vers le fort La Prée, autant celle de Maupas est malheureuse à son retour du fort Saint-Martin. Celui-ci en effet met à la voile vers huit heures du soir ; à peine hors de portée du fort, il est assailli par une multitude de chaloupes anglaises et trouve la mort dans une défense magnanime.

La mort glorieuse de ce courageux jeune homme et intrépide marin le couvre de gloire, il fut en effet aussi regretté qu'il était aimé.

Ce même jour, suivant les plans du roi, le cardinal envoie à l'île d'Oléron l'ordre d'embarquer le régiment du Plessis-Praslin, qui y était en garnison et de l'envoyer au fort La Prée pour y commencer de suite les retranchements et redoutes nécessaires entre les deux forts pour favoriser l'accès de nouvelles troupes. Le régiment de

Beaumont, qui était au Plomb, reçoit aussi l'ordre de passer dans l'île.

Ces réussites incroyables abattent tellement le courage des ennemis que pendant huit jours ils ne tentent aucune entreprise contre les assiégés, se relâchent de leur vigilance, enlèvent les canons de leurs batteries et les replacent sur leurs vaisseaux. Ils ne pensent plus qu'à fuir lorsque d'Olbierre, de retour d'Angleterre où Buckingham l'avait envoyé précédemment, ranime leur courage abattu en leur annonçant l'arrivée prochaine du comte de Hollande avec 6.000 hommes de renfort.

Soubise arrive de La Rochelle (où il s'était réfugié) accompagné de députés ; il supplie aussi Buckingham de ne pas abandonner les Rochelais dans un si grand péril : « L'île de Ré redevenue libre, dit-il, son fort ainsi que les « catholiques de France tenant tous pour le Roi, un « terrible siège menace La Rochelle. Un Roi d'un courage « invincible est à ses portes ; des forts se dressent déjà « contre La Rochelle, les travaux d'investissement se rap- « prochent de la place et menacent de fermer le port ; tout « le royaume conspire pour la ruine de cette ville ; si le « roi d'Angleterre l'abandonne dans un moment si cri- « tique, bientôt toute la France rira de cet abandon et de « la Réforme [1]. »

Soubise et les députés promettent en outre de soutenir les Anglais par des renforts et des vivres à volonté.

Ils promettent beaucoup plus qu'ils ne peuvent tenir, mais ils obtiennent cependant de faire changer les desseins des ennemis ; ceux-ci alors, malgré les intempéries, le froid et les maladies, reprennent les travaux du siège avec acharnement.

Ce retour offensif est dur aux assiégés, en butte eux aussi aux rigueurs de la saison froide déjà commencée, ils font

---

[1] Phrase omise dans Marillac.

néanmoins contre fortune bon cœur, dans l'espoir d'un meilleur sort prochain.

La dysenterie commence à décimer tellement la garnison du fort que sa garde et sa défense sont compromises. Dans leur affliction, les assiégés ne sont soutenus que par la pensée que le Roi est à La Rochelle et par l'espérance d'une prochaine descente d'une partie de son armée dans l'île.

Les Anglais eux, n'ont que peu d'assurance et ne savent au juste quelle décision prendre.

Ils parlent de se retrancher et de se fortifier tantôt dans Saint-Martin, tantôt à Sablanceau, tantôt à l'île de Loye, qu'ils munissent effectivement de redans et de fossés afin d'y protéger leur retraite le cas échéant et, de là, s'embarquer sur leur flotte.

Ils commencent donc à fortifier Saint-Martin, Sablanceau et donnent surtout leurs soins aux retranchements de Loye, qui leur paraît le refuge le plus sûr en cas de nécessité.

23 octobre. — Toiras, ne voyant arriver aucun secours par le fort La Prée, ne connaissant pas les desseins du Roi, cherche lui-même le moyen de lui apprendre la situation, et de lui envoyer quelque gentilhomme pour lui faire connaître l'urgence du secours attendu.

Il est d'autant plus perplexe que depuis longtemps le vent n'est pas favorable pour passer du fort au continent et qu'il lui est ainsi impossible d'envoyer un gentilhomme au Roi.

Sur ces entrefaites, le capitaine de Saint-Preuil vient exposer une requête à Toiras, le suppliant de vouloir bien l'accepter pour lui servir de courrier et d'interprète auprès du Roi ainsi que ses deux amis, les jeunes de Langalerie et de Ruvigny (nouveaux Nisus et Euryale), avec lesquels il a convenu de passer au fort La Prée et de là sur le continent.

Toiras accède facilement à cette requête qui répond à ses désirs. Saint-Preuil et ses compagnons prennent chacun un des meilleurs chevaux du fort et prient un gentilhomme de l'île, de Villechartre, qui connaît tous les chemins, d'être leur compagnon et leur guide.

Ils agissent si discrètement qu'ils sont déjà à cheval avant que leur dessein ait transpiré. Les vrais soldats savent bien que les choses de la guerre ont besoin de la plus grande discrétion et que les plus hauts faits d'armes sont les plus imprévus.

Aussitôt leur sortie secrète Toiras fait donner l'ordre aux mousquetaires de garde du côté où ces gentilshommes doivent passer, de tirer vers les retranchements ennemis dès qu'ils entendront crier et à ceux qui sont de garde près de la mer, de faire semblant de tirer sur nos cavaliers.

Ceux-ci s'avancent donc le long de la côte, à marée basse, en criant : « Tue ! Tue ! »

Les Français qu'ils dépassent font feu en l'air, les ennemis, trompés par ce stratagème, croient que ce sont quelques-uns des leurs, venus par fanfaronnade effrayer les Français et s'abstiennent de tirer.

Nos cavaliers traversent ainsi les postes et les tranchées des ennemis qui, entendant toujours crier : « Tue ! Tue ! » et voyant nos mousquetaires faisant semblant de tirer, ne se doutent de rien et restent à l'abri de leurs tranchées. Nos cavaliers franchissent ainsi, sans difficulté, les lignes d'investissement de l'ennemi mais, malheureusement, le cheval de Langalerie vient à s'abattre et son cavalier ne tarde pas à être reconnu par les Anglais qui le font prisonnier.

CHAPITRE XI

Préparatifs pour la levée du siège, organisés par le Roi et son Ministre

Les plans du roi et les préparatifs de l'expédition étant connus, nous allons raconter en détail les combats que livra l'armée royale pour secourir les assiégés et abaisser, grâce au souverain juge, l'orgueil de notre ennemi; combats qui firent lever le siège aux Anglais, réduisirent leur audace, couvrirent de honte leur perfidie, la firent expier dans le sang de ses auteurs, terminèrent cette guerre odieuse par une éclatante victoire, infligèrent la plus grande défaite aux Anglais qui se soit vue depuis nombre d'années, si l'on considère l'inégalité des forces, le nombre des tués, l'avantage des lieux, des circonstances, etc.

20 octobre. — Selon l'ordre donné la veille par le roi, 120 hommes du régiment de Beaumont abordent au fort La Prée, après une heureuse traversée.

25 octobre. — 550 hommes du régiment de du Plessis-Praslin entrent sans encombre dans le même fort, quoiqu'ayant été retardés par l'état de la mer, les vents contraires et l'insuffisance de bateaux pour passer en une seule fois un tel effectif.

Les troupes passent donc sans encombre; celles qui arrivent les premières préparent abris et retranchements aux suivantes, afin que toutes soient bien disposées pour le combat imminent.

Vers le soir du même jour, de Saint-Preuil atteint le continent; il annonce au roi, selon l'ordre reçu, l'extrémité à laquelle est réduit le fort et presse sa majesté d'accéder aux désirs de Toiras en faisant opérer une descente de troupes dans l'ile : « Le fort n'a plus, dit-il, de vivres que pour vingt jours, si l'on ne vient pas à son secours avant cette date, il sera forcément contraint de capituler. »

Louis XIII est stupéfait de ces nouvelles, ainsi que ses ministres, la cour, l'armée, etc. La consternation remplace la confiance qui régnait grâce à des courriers dignes de foi, venus récemment du fort Saint-Martin, qui avaient assuré que le fort était ravitaillé pour plus de deux mois et demi, ce qui paraissait d'autant moins surprenant que, depuis une quinzaine, 29 barques chargées de vivres étaient entrées dans le fort, la plupart de 15 ou 20 tonneaux, plus une de 50 tonneaux. Cette nouvelle fait néanmoins presser l'expédition de vivres et d'armes déjà commencée par le roi.

De Saint-Preuil trouve ces préparatifs très avancés; il reçoit l'ordre de retourner de suite au fort Saint-Martin avec mission d'avertir Toiras de l'approche du secours qu'il attend et de tout préparer pour recevoir ces troupes prêtes pour un prochain combat.

Le roi donne aussitôt des ordres pour l'embarquement de plusieurs convois au port du plomb. Le premier est composé de 800 gardes royales, sous les ordres de leur maître de camp (colonel) le Sire de Canaples; 400 hommes, reste du régiment de Beaumont, 30 gendarmes du roi et quelques barques primitivement retardées par la tempête. Aussitôt leur passage effectué dans l'ile, les barques ont ordre de regagner le port du plomb où elles sont de retour le 30 octobre pour prendre le deuxième convoi.

Ce deuxième convoi est composé de mousquetaires du

roi, de gentilshommes volontaires et 50 chcvau-légers de la garde, sous les ordres du maréchal de Schomberg.

Le roi commande en même temps au maréchal de Marillac de gagner l'ile d'Oleron pour prendre le commandement des troupes que le cardinal y a fait préparer, c'est-à-dire le régiment de Navarre, le reste du régiment de du Plessis-Praslin, le régiment de la Meilleraye, 50 gendarmes de la compagnic de la reine-mère, la compagnie de chevau-légers de Bussy-Lamet et des vivres.

Ce même jour, le Cardinal prend congé du roi pour se rendre à Brouage.

28 octobre. — Il quitte cette ville pour se rendre à l'ile d'Oleron, afin de réquisitionner des barques et assister à .l'embarquement des troupes et des vivres. Il est impossible de dire quelle est, du commencement à la fin, sa sollicitude extraordinaire. Sa Majesté trouve dans ce grand ministre une fidélité sans bornes, une promptitude et une activité telles que tout lui réussit à souhait. Il fait par un très mauvais temps cette pénible traversée, mais l'ardeur et l'amour qu'il porte au service du roi lui font vaincre toutes les difficultés et élèvent son âme à la hauteur des préoccupations les plus graves de cette guerre.

Sa Majesté, dans son désir de conserver l'ile de Ré, de faire lever le siège de Saint-Martin, consulte fréquemment la boussole et la direction du vent. Il s'est fait faire une carte de tous les ports de l'ile, avec indication des vents favorables pour y aborder, afin de connaître le moment propice pour l'embarquement. Souvent la nuit, ne pouvant dormir, au milieu de telles préoccupations, il se lève pour voir l'état du ciel. Il se met à une fenêtre donnant sur un toit où est une girouette et, à la lueur d'un flambeau, cherche la direction du vent. Sa sollicitude pour le salut des siens et la délivrance du fort font l'objet de tous ses efforts, de toutes ses aspirations.

En voyant les soucis de ce roi, qui donc oserait refuser de l'aider à écarter ainsi le péril menaçant.

Il envoie l'ordre de faire embarquer aux Sables-d'Olonne 600 hommes des régiments de Vaubecourt et de Riberac, le régiment de Du Fresne d'Urbellière, 50 gendarmes de la Compagnie de Mgr le duc d'Orléans sous les ordres du sire de La Ferté, la Compagnie des chevau-légers du sire de La Borde et de les faire passer dans l'île au premier vent favorable.

Il ordonne aussi à l'évêque de Nîmes de joindre ses efforts à ceux de l'abbé de Marsillac, pour préparer ce convoi, et au capitaine La Richardière, excellent marin, de mettre en état une flottille de 52 navires pour le faire passer.

Tout est prêt selon l'ordre du roi, tout est payé par le Cardinal, sur l'ordre du roi; la flotte n'attend plus qu'un vent favorable.

Ces troupes, choisies par le roi, sont capables de combattre un contre deux avec succès. Les mousquetaires, dont le roi a éprouvé la valeur et dont 32 sont armés de hallebardes, sont capables d'entamer n'importe quel bataillon.

Mais, ô roi, que seraient tous tes desseins, que serait toute ton armée sans le secours de Dieu?

Le roi commence par implorer le secours céleste, ordonne aux combattants d'une guerre si juste de joindre la piété à l'énergie. Il fait particulièrement confesser et communier ses mousquetaires qui, munis de cette armure céleste, s'embarquent enthousiasmés par ces royales paroles : « *Allez, mes amis, heureux compagnons de ma fortune et ne doutez pas de la victoire!* »

Qui douterait de la victoire en voyant la justice et la piété d'un si grand roi, le choix heureux d'un tel général, la valeur des chefs et des soldats? Le roi, comme chef de l'armée, voulait passer dans l'île; mais il abandonne son dessein, vaincu par les prières et les larmes de ses ministres et de ses généraux effrayés du péril qu'il courrait ainsi. Plus grand que César et Antigone, il eût préféré confier aux flots sa personne que la fortune de ses armes.

Une généreuse noblesse vient prendre congé de Sa Majesté et recevoir la permission de partir ; les visages sont si rayonnants que l'on peut dire qu'il n'y a que les Français capables de combattre pour leur roi ou pour l'honneur, avec tant d'enthousiasme ; de voler généreusement à la mort avec une telle fermeté d'âme et une telle joie que l'on ne sait reconnaître dans le combat lequel a le plus d'entrain du vainqueur ou du vaincu.

L'île de Ré semble une arène Olympique plutôt que le théâtre d'une nouvelle bataille de Salamine, un cirque romain, plutôt qu'un champ de bataille ; les Français semblent aller au spectacle plutôt qu'au péril.

Pas un soldat qui ne demande de partager le sort de ces combattants et le droit de voler au même danger.

L'un de ceux qui n'ont pas eu la permission de passer dans l'île de Ré ose demander : « Pourquoi donc, Sire, n'y a-t-il pas place pour moi au péril ; pourquoi cette défense de m'embarquer ? » A quoi, le roi, pour calmer l'ardeur de ce vaillant soldat, répond : « Si tout le monde va dans l'île, je resterai donc seul ici pour la garde du camp ? »

Quand tous les ordres sont donnés verbalement, le roi distribue aux officiers supérieurs les plans de combat tracés de sa propre main, adaptés aux lieux et aux positions des ennemis. Il connaît si bien la topographie de l'île de Ré que ses plans de combat sont préparés pour faire face à toute éventualité.

29 octobre. — Marillac arrive à l'île d'Oleron, où le Cardinal, avec une diligence incroyable, a fait tant et si bien que, tandis qu'à son arrivée il n'y avait même pas à Brouage et à Oleron 3 barques prêtes à partir, à cette heure, sont prêts à partir, le régiment de Navarre, le reste de celui de du Plessis-Praslin, celui de La Meilleraye, 600 hommes des régiments de Piémont et de Rambure, 80 hommes de la Compagnie de la Reine-Mère, 50 chevau-légers du roi, 50 chevau-légers de la compagnie de Bussy-Lamet et 60 gentilshommes volontaires avec des vivres, sous les ordres de Marillac.

Le départ devait avoir lieu dans la nuit du 1er novembre, fête de la Toussaint, le vent étant favorable, mais l'incident suivant retarda le départ. Le maréchal de Schomberg, qui devait embarquer au Plomb (comme nous l'avons déjà dit), pour passer à l'île de Ré, apprenant que le passage y était impossible à cause des vents de S.-O., qu'au contraire il était possible d'Oleron, en rend compte au roi qui l'approuve.

Schomberg se rend aussitôt à Marennes, ville située entre Brouage et Oleron, avec les mousquetaires du roi, les gentilshommes, etc.; là, il écrit au Cardinal de lui envoyer des barques pour passer à Oleron avec ses troupes.

Surpris par cette nouvelle imprévue, le Cardinal, dont les ordres d'embarquement sont sur le point d'être exécutés par Marillac, craint que l'arrivée d'une si grande quantité de combattants n'empêche l'exécution de son dessein, mais, grâce à son génie et à sa promptitude habituelle, il réussit à se procurer des barques pour ce passage.

31 octobre. — A son arrivée à l'île d'Oleron avec ses troupes, Schomberg, voyant la flottille de 80 barques, sous les ordres de Marillac, déjà à la voile, lui donne ordre de l'attendre. Marillac obéit à son général, anxieux toutefois de voir tourner les vents alors favorables ou un calme plat se montrer si le départ est retardé. En effet, la flottille est à peine remise à la voile au complet qu'un vent contraire souffle subitement avec violence et disperse les barques. Celles-ci, pendant six jours et six nuits, tantôt louvoyant, tantôt jetant l'ancre, courent de grands périls; elles sont forcées de relâcher à Oleron, à Brouage, en Charente, à l'île d'Aix.

Pendant ce temps, le roi envoie des mulets chercher 100.000 pains et quantité de fourrage commandés à Marans. Il ne cesse de veiller aux préparatifs d'embarquement des troupes restées au Plomb sous les ordres du duc d'Orléans son frère. Le maréchal de Bassompierre, maréchal de France à l'armée de La Rochelle, reçoit ordre du roi de les rassembler et de les embarquer. M. du Hallier, (maréchal de camp devant La Rochelle), reçoit ordre de seconder Bassompierre, ce qui a lieu aussi rapidement qu'heureusement.

BIBLIOGRAPHIE. — *La descente du régiment des gardes du roy et celuy du sieur de Beaumont en l'isle de Ré*. Paris, J. Martin, 1627, 15 p., pet. in-8°, rare.

— *Lettre du sieur de La Miltière au jeune de Monbrun* trouvée parmy ses papiers le jour qu'il a été mis à la Bastille. 1627, pet. in-8°, 12 p. rare.

— *Prosopopée de l'isle de Ré au duc de Bouquinquan*, etc. Paris, Jean Bessin, rue de Reims, 1627, pet. in-8°, 14 p., pièce rare, anonyme.

— *La Générale et fidèle relation de tout ce qui s'est passé en l'isle de Ré*, envoyée par le roy à la reyne sa mère par le commandant de sa majesté (par le duc d'Angoulême), Paris, Toussaint du Bray, rue Saint-Jacques aux Epics-Meurs, pet. in-8°, 24 p., rare, anonyme.

— *Seconde relation de ce qui s'est passé en l'armée du roy et isle de Ré* depuis le dimanche vingt-quatrièsme octobre, jusques au trentiesme dudit mois, Paris, Jean Martin, au bourg du Mont Saint-Michel, près de château Saint-Ange, 1627.

— *Le vray journal de tout ce qui s'est passé dans l'isle de Ré* depuis la descente des Anglais jusques à leur rembarquement, pet. in-8° de 138 p., rare, anonyme.

— *Régiment de Champagne* (Histoire du), par Roux de Rochelle, Paris, Didot, 1839, in-8° br., rare.

— *Le Régiment de Champagne*, par Nicolas Gontard, Troyes, 1868, in-8° br.

— *La retraite générale de l'armée anglaise* avec les submissions du Duc de Bauquingan faites à Sa Majesté et la délivrance des prisonniers de part et d'autre. A Paris, chez Jean Brunet, sur le Pont au Change, dans la court de S. Leufroy, 1627, pet. in-8°, 14 p., pièce rare, anonyme.

— *La deffaicte des Anglais chassés de l'isle de Ré*. Jouxte la copie de Tolose, 1628. Pièce pet. in-8°, rare, anonyme.

— *Histoire générale des exploicts de guerre faits aux sièges de La Rochelle et de l'isle de Ré*. Contenant la fuitte des Anglois et la division des habitants de La Rochelle. Avec les noms et surnoms des seigneurs, gentilshommes et capitaines qui sont entrés dans ladite isle avec leurs régimens. Paris, Barbote, 1628, 16 pages in-8°, rare, anonyme.

CHAPITRE XII

Combats au fort La Prée, à l'Abbaye et à La Flotte

Grâce aux vents favorables, les susdits 800 gardes royales, 400 hommes du régiment de Beaumont, 30 gendarmes à cheval du Roi avec vivres, munitions et trois canons, arrivent après deux heures d'une heureuse traversée, le 30 octobre, au fort La Prée, vers onze heures du soir. L'arrivée de ce troisième convoi fut suivie d'un combat que nous allons raconter en détail selon le témoignage des combattants eux-mêmes.

31 octobre. — La première barque qui aborde est celle du capitaine de Fourilles, la seconde celle du sire de Canaples, maître de camp du régiment des gardes. Lorsqu'elles sont échouées on vient du fort pour les reconnaître. De Canaples et de Fourilles, qui ont déjà mis pied à terre, sont reçus avec joie. Ils apprennent alors que l'ennemi s'avance vers eux.

A cette nouvelle, de Canaples ordonne à de Fourilles de faire descendre les 80 soldats de sa barque et de les faire ranger en bataille. Les autres officiers reçoivent les mêmes ordres au fur et à mesure qu'ils débarquent. De Fourilles reçoit ordre de prendre un peloton de huit éclaireurs et d'avancer à 400 pas de la contrescarpe du fort au devant de l'ennemi.

Le capitaine de Tilladet fait aussi ranger promptement ses soldats en ordre de bataille et forme rapidement l'aile droite de de Fourilles, tandis que le capitaine de Porcheux forme l'aile gauche à égale distance.

Deux heures après, on voit paraître l'ennemi; le 1er éclaireur donne l'alarme en tirant un coup de mousquet, les éclaireurs de de Fourilles font une décharge de mousqueterie sur l'ennemi qui ne tire que lorsqu'il est arrivé à vingt pas. A la lueur de la fusillade, de Fourilles, voyant les premiers rangs ennemis et leur ordre de bataille, jugeant plus sage et plus glorieux d'aller au devant d'eux que de les attendre, s'écrie : « En avant, courage soldats ! » et, s'avançant à une douzaine de pas, s'élance le premier au devant des ennemis. Quatre hommes seuls suivent son courageux élan : de Mansan, son lieutenant, qui tombe tué d'un coup de mousquet et de quatre coups de pique, de Barilles, son enseigne et Pensamont qui meurent criblés de coups de pique, enfin un 4e dont le nom n'est pas connu.

L'attaque de ces cinq hommes est si violente que l'ennemi s'arrête ; il eût certainement été mis en fuite si le reste des nôtres eût montré autant de valeur ; mais, aussitôt que notre premier rang eut tiré, le reste des nôtres se dispersa. On ne vit jamais déroute pareille, soit que la traversée et le roulis les eussent étourdis, soit ignorance des lieux ou crainte d'une attaque de nuit, soit fatigue ou défaut de préparation à un combat inopiné; bref les nôtres ne furent pas à hauteur de la circonstance.

Il faut plus d'une heure pour rassembler la troupe dispersée, la plupart des officiers et la cavalerie n'étant pas débarqués.

Si les Anglais eussent profité de leur avantage, nous aurions essuyé une vraie défaite. L'attaque de de Fourilles et de ses quatre compagnons, suivie de la mousquetade très opportune du premier rang de nos mousquetaires avaient en effet arrêté l'ennemi dès le début.

Le combat terminé, les Français regagnent les fossés du fort ; le nombre des morts n'est pas égal des deux côtés ; les Anglais ont 50 tués ; les nôtres un capitaine du régiment de Beaumont, son sergent-major et 6 soldats.

Les Français passent le reste de la nuit sous les armes, dans la crainte d'une nouvelle attaque. Aux premières lueurs du jour, la cavalerie débarque. Une reconnaissance de cavalerie ennemie apparaît auprès de l'Abbaye de Ré; trente de nos gendarmes la poursuivent, l'attaquent, tuent cinq ou six cavaliers et font des prisonniers; le reste des ennemis, au nombre de quarante maîtres environ, s'enfuient.

1er novembre. — Le jour de la Toussaint, Buckingham craignant que les gardes du roi débarqués dans l'île n'attaquent de nuit le village de La Flotte, où il avait une garnison de 500 hommes, fait vers le soir quitter les tranchées du bastion d'Antioche à deux mille Anglais pour les porter au secours de cette garnison.

Toiras envoie aussitôt combler ces retranchements et abattre le corps de garde voisin, mais ses hommes, trop peu nombreux et affaiblis, reviennent sans avoir fait grand travail. Vers trois heures du soir, Buckingham revient en forces, reprend ses tranchées, mais perd dans ce combat deux capitaines, dont l'un est tué d'un coup de pique par le lieutenant Luret. De notre côté nous perdons Bessac volontaire, Vassan, enseigne de La Clédie, celui-ci d'un coup de mousquet à l'épaule en défendant les tranchées.

2 novembre. — La cavalerie anglaise charge quelques soldats français isolés entre la Flotte et la Prée; 30 cavaliers français s'en aperçoivent et volent à leur secours. Douze de ceux-ci en viennent aux mains avec l'ennemi, en tuent quelques-uns, font cinq prisonniers et ramènent victorieusement sept chevaux pris à l'ennemi.

Cet exploit, petit en lui-même, fait très bon effet; il affaiblit l'assurance des ennemis et donne confiance aux insulaires dans la valeur des troupes royales. Leur confiance s'accroît bientôt en apprenant que des gens de la Flotte et de Sainte-Marie ont annoncé à M. de Beaumont que les assiégeants se disposent à rembarquer.

Cependant, ceux-ci ne cessent pas leurs travaux d'approche et continuent le siège sans paraître avoir d'autres intentions; toutefois, sur le conseil des Rochelais, ils se préparent à un assaut général du fort Saint-Martin.

CHAPITRE XIII

Assaut général du fort Saint-Martin

5 novembre. — Les Anglais renforcent leurs postes le vendredi suivant sans relever les gardes ; ces faits viennent à la connaissance du fort Saint-Martin et du fort La Prée.

A minuit, un soldat arrivé de La Prée annonce à Toiras que l'ennemi se prépare à l'assaut général le lendemain.

Toiras commande aussitôt de se tenir prêt à prendre les armes : « Que chacun, dit-il, se prépare au combat pour la défense du fort et occupe le poste qui lui a été assigné d'avance. »

Contre sa coutume, il revêt sa cuirasse, comme si le nom qu'on lui donne (Thorax) n'était pas déjà une cuirasse véritable.

6 novembre. — Au point du jour, on aperçoit les bataillons anglais qui se massent successivement dans les tranchées ; des officiers à cheval courent en tous sens ; quantité de casques légers appelés bourguignotes apparaissent çà et là, émergeant au-dessus des tranchées, tout enfin confirme la véracité des renseignements reçus la veille.

Dès huit heures du matin, on entend chanter des psaumes dans la tranchée située près du bourg Saint-Martin.

Aussitôt après ces chants, le signal de l'assaut est donné par trois coups de canon.

Alors les bataillons anglais s'élancent de toutes parts, tête baissée, sur les ouvrages avancés du fort, contre-escarpes, demi-lunes, fossés, etc.

L'attaque se porte surtout sur deux points, d'abord sur la côte située entre le fort et le bourg ; laissant ensuite à droite la demi-lune située entre le bastion du Roi et celui de Toiras, l'ennemi atteint le bastion de Toiras incomplètement achevé, qui semble plus facile à prendre à cause de l'absence de revêtements, de remparts et de parapets.

A l'assaut de ce bastion plus de deux mille hommes prennent part, les uns venus par les fossés de la demi-lune qui protège la porte s'ouvrant sur le bourg, les autres par le petit fortin situé entre cette demi-lune et la mer, d'autres enfin par le rivage, à la faveur de la marée basse.

En quelques instants, plus de quarante échelles sont appliquées contre les murs sans que personne se soit opposé à leur accès au pied du fort.

En effet, devant cet assaut général, les assiégés, tenant avant tout à défendre le fort, abandonnent les ouvrages extérieurs ; l'ennemi s'empare donc facilement des premiers, mais doit s'en tenir là.

Animés, excités par la chaleur du combat, les Français répondent à l'assaut par une telle grêle de mousquetades que l'ennemi rétrograde plus vite qu'il n'est venu ; ceux qui ont escaladé les échelles, échelon par échelon, les redescendent à présent d'un seul bond.

De Nargonne, qui a la défense d'une demi-lune, est un des premiers à poursuivre l'ennemi, Thibault le suit, tous deux font un vrai carnage.

Sur le bastion d'Antioche l'attaque est aussi vive ; ce bastion est muni d'un revêtement en pierre et plus élevé que le précédent, mais ses fossés peu profonds sont presqu'au niveau de la contrescarpe.

Douze cents hommes environ sont à l'assaut de ce bastion ; en un clin d'œil la contre-escarpe et les fossés sont occupés par eux.

L'angle du bastion lui-même est assailli par un bataillon de cinq ou six cent hommes, protégés de droite et de gauche par le reste des leurs.

Les Français, préalablement postés à la défense des ouvrages extérieurs de ce bastion, les abandonnent et, pour aider à la défense des ouvrages intérieurs, rentrent à la fausse-braye du bastion d'Antioche, afin de soutenir les défenseurs de ce bastion dans leur vigoureuse résistance.

L'ennemi s'efforce d'escalader cette fausse-braye, mais bientôt blessés par les mousquetades lancées de la demi-lune, écrasés d'autre part par les pierres lancées de la fausse-braye, ils lâchent prise et s'enfuient, poursuivis et décimés par les nôtres jusque dans leurs tranchées.

Des Etangs défend cette fausse-braye du bastion d'Antioche, de Montault celle du bastion de Toiras, de La Clédie défend la falaise et du Vigean la demi-lune voisine de cette falaise.

Dès le début du siège, Toiras avait flanqué l'angle de ces deux bastions de deux petites demi-lunes I et d'ouvrages avancés sur le rivage, rapprochés des retranchements de l'ennemi, afin de l'inquiéter plus facilement.

Il avait aussi fait élever sur le rivage, flanquant ces bastions, deux petits fortins K destinés à mieux protéger le port du fort et les côtés des bastions de Toiras et d'Antioche, tournés eux-mêmes vers ce port[1].

L'un de ces fortins est défendu par des hommes du régiment de Chappes, l'autre par des hommes du régiment de Chastellier-Barlot.

Chacun de son côté, capitaine, officier, soldat accomplit son devoir et combat courageusement jusqu'à ce que l'assaut finit de toutes parts comme il avait commencé, sauf toutefois au bastion de Toiras où il dure une demi-heure encore.

---

[1] Ces deux fortins étaient dits, eux aussi, de Toiras et d'Antioche. Les lettres I et K reportent au plan du fort.

L'assaut dura deux heures depuis son début jusqu'à la rentrée de l'ennemi dans ses retranchements.

Trois cents Anglais restent sur les contre-escarpes ou dans les fossés, sans compter ceux qui, tombés au bord de la mer, sont enlevés grâce à l'abri de la falaise.

L'ennemi abandonne toutes ses échelles et cinquante prisonniers, tant capitaines qu'officiers et soldats.

Les habitants de Saint-Martin déclarèrent plus tard que beaucoup d'Anglais, rentrés dans leurs cantonnements, moururent de blessures.

Les blessés, du côté anglais, sont au nombre de plus de deux cents, dont plusieurs atteints de cinq ou six mousquetades.

On estime à plus de six cents hommes les pertes des Anglais dans cet assaut.

Plus heureux qu'eux, les assiégés ne perdirent que dix-huit ou vingt soldats et un sous-officier.

De Sardaigne, blessé d'une mousquetade à la tête, expire le lendemain.

De Grand-Val, lieutenant du régiment des gardes, la poitrine percée d'une balle, expire trois jours après.

Le nombre des hommes légèrement blessés est assez élevé.

Le combat terminé, on voit descendre de leurs vaisseaux un si grand nombre d'Anglais qu'on crut qu'ils allaient recommencer l'assaut manqué.

La suite montra qu'ils furent si éprouvés dans ce désastre qu'ils n'osèrent même plus occuper leurs retranchements, ne s'y trouvant pas assez en sécurité; aussi les abandonnèrent-ils pour la plupart.

A la nouvelle de cet assaut, Canaples, ne voulant pas priver les assiégés du secours qu'il avait mission de leur apporter, lève son camp de La Prée dès le matin et accourt avec ses troupes choisies.

Vingt-quatre maîtres de cavalerie ouvrent la marche.

L'avant-garde se compose de trois compagnies du

régiment des gardes commandées par les capitaines de Fourilles, de Porcheux et de Tilladet, qui avaient pour lieutenants de Mansan[1], de Malicy et de Saligny.

Le centre se compose de deux compagnies du régiment de Beaumont ; l'arrière-garde de deux compagnies de Duplessis-Praslin.

Les troupes arrivent dans cet ordre jusqu'au bourg de La Flotte, en vue de la cavalerie anglaise.

Canaples continue à s'approcher du camp ennemi et se prépare à l'attaquer si Buckingham fait mine de recommencer l'assaut du fort Saint-Martin.

Malgré l'insuccès de son premier assaut, Buckingham espérait, en effet, un meilleur résultat d'un second donné par les troupes restées sur les vaisseaux ; mais, voyant leur courage à bout et leur moral frappé de cet échec, il renonce à son intention.

A la tombée de la nuit, voyant Canaples dresser son camp, Buckingham envoie un gentilhomme à Toiras pour lui demander les morts et l'échange de prisonniers anglais contre des Français faits prisonniers lors des combats précédents.

Toiras accepte les propositions et autorise l'enlèvement des morts, ce que les Anglais font dès le lendemain.

En fait d'inhumation, ceux-ci se contentent d'ensevelir les cadavres dans leurs tranchées en rejetant simplement sur eux la terre des talus.

La Némésis vengeresse se révéla dans cette circonstance ; en effet, les Anglais comblèrent des cadavres des leurs ces tranchées qu'ils avaient creusées pour s'emparer du fort Saint-Matin ; ils se les répartirent comme leurs propres tombeaux ; on vit ainsi que leur intention était de lever le siège.

Nous ne pouvons nous lasser d'admirer le courage des Français dans toutes les péripéties de ce siège où, malgré

---

[1] Tué au combat de La Prée.

leur petit nombre et leurs fatigues, ils soutinrent toujours vigoureusement les attaques et repoussèrent les assauts à force de courage.

La plupart des assiégés souffraient de dysenterie, de fièvre, d'anémie ou de divers autres fléaux ; mais, quand l'heure du danger sonna, le cœur leur revint, si bien que tous, même les malades et les blessés, prirent les armes, afin de mourir en combattant pour la défense du fort ou pour tomber avec lui, préférant mourir de blessure que de maladie.

L'un de ces malades imita ce vieux roi dont parle Virgile lorsqu'il dit : « Bien que déjà touché par l'aile de la mort il ne désarma pas. »

Après avoir en effet épuisé ses forces à tirer sur l'ennemi d'une main tremblante huit à dix coups de mousquet, le courage ne lui manqua qu'avec la vie.

Avant de mourir il dit à son compagnon d'armes : « Ami, je te lègue mes hardes et mes armes ; en retour je te prie de me creuser ma fosse. » Il ne fut pas le seul à montrer un tel courage ; beaucoup d'autres en firent autant.

Autant qu'il est possible d'estimer les pertes des deux partis, huit cents Français furent inhumés dans la citadelle, par suite de blessure ou de maladie ; quant aux Anglais depuis leur invasion jusqu'à leur fuite, ils perdirent environ huit mille hommes tués ou noyés.

Le lendemain de l'assaut, l'ennemi continue à embarquer, soit dans l'intention réelle de partir, soit pour dissuader le roi de France d'envoyer dans l'île une armée capable de livrer une bataille rangée et de le chasser par la force.

Il paraît cependant vouloir réellement lever le siège et se rembarquer, ce que prouve d'ailleurs cette réponse de Buckingham à Canaples, lui demandant par un parlementaire la permission de faire passer sur le continent deux ou trois gentilshommes blessés au combat de La Prée : « *Non seulement les malades et les blessés, mais aussi les hommes valides pourront bientôt passer librement,*

*j'ai résolu de quitter l'île, car je ne puis laisser combattre
encore des soldats exténués par un siège long et difficile
contre des troupes fraîches.* »

Comme si les soldats du roi sont moins fatigués, eux
qui tous les jours vivaient en plein air, dans l'eau et dans
la boue, sous les murs de La Rochelle.

« *Je ne veux pas non plus*, ajoute l'Anglais, *que les
Français se glorifient de m'avoir chassé de l'île; du
reste l'honneur de la conservation du fort revient à
Toiras, dont l'invincible patience et le courage à subir
le siège ont surmonté tant de fatigues et de périls.* »

Buckingham, en somme, s'avoue vaincu; il renouvelle,
d'ailleurs, le jour même, cet aveu à Toiras, par l'entremise
d'un gentilhomme qu'il envoie le saluer en son nom dans
les termes suivants :

« *Je suis prêt à rembarquer avec mon armée et à
partir avec ma flotte. Je vous félicite de la gloire que
vous vous êtes acquise dans la défense du fort Saint-
Martin et dans l'assaut que vous avez soutenu. Toutes
causes m'obligent à quitter cette île de Ré que je vous
envie et vous cède malgré moi.* »

Les habitants de Saint-Martin avouent que les Anglais
s'embarquaient déjà plusieurs jours avant l'assaut, mais
que les Rochelais vinrent les prier de vouloir bien attendre
encore quelques jours, afin que ceux-ci puissent emporter
par mer dans leur ville tous les blés de l'île. La Rochelle,
assiégée et souffrant déjà de la famine, ne pouvait plus
résister davantage sans ce secours.

Tel est donc le prétexte que Buckingham donne à Toiras
et écrit à Canaples pour dorer son départ, car, en réalité,
ce départ est motivé par l'impossibilité où il se trouve
d'empêcher le ravitaillement du fort, qu'il espérait, dès le
début, pouvoir prendre par la famine et non par la force des
armes.

L'entrée au fort du convoi du 7 octobre lui avait fait
perdre espoir de prendre le fort par la famine; c'est pour

ce motif qu'il avait fait rembarquer une partie de son armée dans l'intention ferme de partir.

Il aurait exécuté ce dessein sans Soubise qui, plein de haine et de fiel contre sa patrie et son roi, lui avait inspiré plus de persistance que de génie et de courage et qui, par ses vaines promesses de grand secours, lui avait fait changer sa décision première.

Buckingham allègue encore d'autres raisons, mais sa haine est trop manifeste envers Richelieu, tout d'abord, pour qu'il puisse reconnaître que les soins et les conseils du cardinal aient contribué puissamment à secourir les assiégés et à les empêcher d'être pris par la famine ; envers le roi ensuite pour qu'il rende justice à sa vigilance ; à tous ses ministres enfin pour qu'à eux aussi il rende justice à leur fidélité au roi et à leur promptitude dans l'exécution de ses ordres nombreux.

Il allègue enfin divers autres prétextes de son départ, dissimule les vraies raisons qui l'avaient cependant décidé, depuis le 8 octobre, à préparer sa retraite et l'embarquement de ses troupes.

Par tous ces bruits de départ, Buckingham n'avait eu pour but que de retarder l'arrivée de l'armée du Roi ; en effet, il avait déjà fait courir semblables bruits depuis longtemps et avait feint aussi de se rembarquer, les rembarquements lui étant aussi faciles à pratiquer que les débarquements.

Loin de croire à ces faux bruits de départ d'un ennemi dont il avait déjà éprouvé si souvent la mauvaise foi, le roi n'en continua pas moins ses préparatifs et ordonna de faire passer dans l'île les officiers et les soldats dont il a déjà été question et à ceux-ci de livrer bataille à l'armée anglaise.

Nous allons voir maintenant comment s'exécutèrent tous ces ordres du roi, comment se livrèrent ces combats et comment s'accomplirent fort heureusement toutes nos prévisions.

CHAPITRE XIV

Levée du siège par l'armée de secours

6 novembre. Passage de La Meilleraye[1]. — Tandis que les faits précédants se déroulent dans l'île de Ré, une flottille, partie du port du Plomb, transporte à la pointe de Sablanceau La Meilleraye avec trois cents hommes de son régiment, quarante gentilhommes volontaires et vingt-deux gendarmes de la Reine mère.

La nouvelle de cette heureuse traversée plonge le Roi et toute la Cour dans une joie profonde; elle montre en effet que le passage dans l'île est praticable et encourage chacun à l'effectuer; mais, si le Roi est désormais tranquillisé sur la possibilité du passage par le Plomb et sur la bonne posture de son armée dans l'île, ce qui ne cesse de l'inquiéter jour et nuit, au point que son entourage craint pour sa santé, c'est que Schomberg, lui, n'a pu encore passer.

7 novembre. Passage de Marillac[2]. — Les vents n'étant pas favorables pour le passage par Brouage, le Roi mande Marillac ainsi que les mousquetaires qui, comme

---

[1] Charles de La Porte, marquis de la Meilleraye, seigneur de Parthenay et Saint-Maixent, maître de camp du régiment portant son nom, devint maréchal de France à la prise de Hesdin en 1639.

[2] Louis de Marillac, comte de Beaumont, maréchal de camp, devint maréchal de France en 1629, après les sièges de l'île de Ré et de La Rochelle.

nous l'avons dit plus haut, étaient à l'île d'Oléron; il lui ordonne de se rendre au Plomb pour passer en Ré, voulant lui confier le commandement de toutes les troupes déjà dans l'île et faire participer les mousquetaires, l'élite de son armée, à la fortune de cette guerre.

A la réception de cet ordre, Marillac, après en avoir rendu compte au cardinal et à Schomberg, vole avec ses troupes à Aytré, prend les ordres du Roi et, encouragé par ses paroles, se rend au port du Plomb.

Il règne une tempête, les vents sont contraires qu'importe, il veut obéir au Roi, sans souci des vents et de l'ennemi; il va s'embarquer dans la baie de La Rochelle, sur deux chaloupes et deux pinasses à rames, à la tombée de la nuit, bravant quatre pataches anglaises qui gardent l'entrée de la baie.

Il emmène avec lui le commandeur de Souvré, chevalier des ordres du Roi, le chevalier de Chappes et le sieur de Chappes son frère, leur quatrième frère, les sieurs de Tavannes et de Villequier[1], le vicomte de Melun, les sieurs d'Équilly, de Marinville et autres gentilshommes au nombre de trente, ainsi que quinze mousquetaires.

La flottille longe la flotte ennemie, de nuit, par un gros temps, à force de rames et aborde, après deux heures et demie de traversée à la pointe de Sablanceau.

Marillac ne se met en marche qu'après le débarquement de ses hommes, de ses vivres, de ses munitions et se rend, sans incident, droit au fort La Prée, où l'attendait Canaples[2] avec ses troupes.

Tel est le cinquième convoi parvenu dans l'île, le plus petit en nombre mais non le moins important, car il est composé d'un maréchal de camp et de la fleur de la noblesse de France.

[1] Antoine d'Aumont de Rochebaron, seigneur de Villequier.

[2] Charles, sire de Créquy et de Canaples, maître de camp du régiment des gardes du Roi.

Le plus important des convois est celui dont nous allons maintenant narrer les péripéties.

8 novembre. Passage de Schomberg[1]. — Schomberg était parti le 1er novembre de l'île d'Oléron pour gagner l'île de Ré mais une tempête, qui dura six jours, l'obligea à relâcher avec une partie de sa flottille à l'embouchure de la Charente ; le 7 novembre il repart, mais il est obligé de jeter l'ancre en rade de l'île d'Aix.

Les vents étant toujours contraires, le capitaine Régnier, son pilote, lui conseille d'aller s'échouer à la côte sauvage de l'île de Ré, devant le bourg de Sainte-Marie : « A marée haute, lui dit-il, la flottille pourra passer par-dessus les rochers de Chauveau et de Laverdin et s'échouer dans la baie située entre la pointe de Chauveau et celle de Sablanceau.

Schomberg, sachant que la plage intermédiaire à ces deux rochers dangereux est abordable, sachant d'autre part que les vaisseaux ennemis sont au delà de la pointe de Sablanceau, fait voile, à marée montante avec cinquante-quatre barques et se dirige à force de rames malgré les vents contraires et la nuit obscure vers la plage en question.

Là, on ne craint ni bas-fonds, ni brisants, la mer y est calme et, à marée haute, on peut échouer sans danger.

Aussi courageux que Tarchon, mais plus heureux que lui, puisqu'au lieu d'être envoyé par le pieux Énée il l'est par Louis plus juste et plus pieux encore, Schomberg encourageait ses soldats par ces paroles du poète pendant la traversée (si toutefois Clio[2] veut bien céder ici la parole à Calliope[3]) : « Maintenant, fiers soldats, appuyez ferme sur les rames, poussez, enlevez vigoureusement vos embarcations sur les flots, que leur carène se creuse un

---

[1] Henri de Schomberg, comte de Nanteuil-en-Valois, maréchal de France.

[2] Muse de l'histoire.

[3] Muse de la poésie épique.

sillon jusque sur la plage et que leur poupe pénètre dans cette terre amie, sans crainte de se briser, sur ces bords déjà conquis[1]. »

A ces paroles, chacun redouble de courage ; enfin, vers les trois heures du matin, trente-deux barques abordent la plage et débarquent chacune maint gentilhomme de haute noblesse, cent hommes et quarante chevaux.

Les vingt-deux autres barques s'étaient égarées sur mer dans l'obscurité par la tempête. Ce convoi, le plus important de tous, eut la chance de n'être aperçu de l'ennemi, ni sur terre ni sur mer.

Le débarquement et le déchargement se fit sous la surveillance de deux cents hommes, tandis que l'infanterie, en quatre bataillons et la cavalerie, en deux escadrons, se dirigèrent vers le fort La Prée, précédées d'une avant-garde qui avertit de l'arrivée de ce nouveau convoi le maréchal de Marillac débarqué la nuit précédente.

Schomberg y trouve les troupes arrivées précédemment prêtes à se joindre aux siennes pour marcher vers La Flotte. Il ne s'arrête que le temps d'entendre la messe, d'y faire la prière en commun, d'implorer le ciel pour les armes du roi, l'aide divin pour le combat et la victoire ; dès huit heures du matin, l'armée se met en marche dans l'ordre suivant :

L'avant-garde, formée par le régiment de la garde royale, divisée en deux bataillons, ayant à l'aile droite un bataillon du régiment de Navarre et un bataillon du régiment de Champagne ; à l'aile gauche un bataillon du régiment de Piémont.

---

[1] « Nunc, o lecta manus, validis incumbite remis ;
Tollite, ferte rates ; et amicam findite rostris
Hanc terram, sulcumque sibi premat ipsa carina.
Frangere nec tali puppim statione recuso,
Arrepta tellure semel. » . . . .
. . . .
(Virgile, *Enéide*, chant X, vers 294 à 298.

Le gros de l'armée, formé par deux bataillons du régiment de Champagne, un bataillon du régiment de Rambure et un bataillon du régiment de Beaumont, chaque bataillon suivant, en ordre de bataille, à deux cents pas d'intervalle l'un de l'autre.

L'arrière-garde suit dans ce même ordre et aux mêmes intervalles, composée également de quatre bataillons, deux du régiment de Duplessis-Praslin et deux du régiment de La Meilleraye.

Les derrières de l'armée sont protégés par les gentils-hommes volontaires, armés de courage plus que d'armes, car ils sont à pied, sans cuirasse ni épée, ni hallebarde et ont reçu du chef l'ordre d'attaquer de leurs piques les flancs du bataillon ennemi opposé.

A la suite de l'armée suivent trois petits canons destinés aux flancs de la première ligne; mais, faute de chevaux de trait, ils sont traînés à bras d'homme; à grand'peine arrivent-ils à temps pour figurer au combat.

Les flancs de l'armée sont protégés par deux escadrons d'égale force ; à droite les chevau-légers et les gendarmes du roi, à gauche les chevau-légers et les gendarmes de la reine-mère.

Deux cents pas en tête de l'armée, marche Bussy-Lamet, sergent de bataille, avec la compagnie d'élite de son escadron, composée de vingt-cinq cavaliers et suivi de nombreux gentilshommes volontaires à cheval. Il a l'ordre d'engager le combat et de contraindre l'ennemi à l'accepter d'une façon quelconque.

Ainsi donc l'armée française se compose de deux cent cinquante cavaliers d'élite et de quatre mille hommes à pied. (Le reste des troupes destinées à ce combat n'a pu passer à cause de l'état de la mer.) Schomberg dirige cette armée vers l'ennemi pour l'attaquer dans son camp si celui-ci ne l'avait déjà levé; il le poursuit donc et n'atteint qu'après six kilomètres, son arrière-garde, alors qu'il bat déjà en retraite entre le bourg de Saint-Martin et le village de la Couarde. Il est 4 heures du soir, la position lui paraît favorable; il engage donc, dans l'ordre susdit et avec avantage la bataille dont nous allons, vu son importance, reprendre tous les détails.

Bibliographie. — *Expéditio Buckinghami ducis in Rheam insulam.* — Tim. Baldwin. Londres, in-8°, 1656.

— *Expédition du duc de Buckingham dans l'isle de Ré en 1627.* Massion, Extrait de l'*Hist. de Saintonge et Aunis*, in-8°, br. Poitiers, 1837, 37 p.

— *Le naufrage et débris de la flotte anglaise.* Paris, 1628, in-8°, anonyme.

— *Prosopopeia Angliæ post Rœanam insulam obsidione liberatam.*

— *Victoire du roi contre les Anglais.* Paris, 1628, in-8°.

— *Description of Sir John Burgh his service at the isle of Ré*, 1628. (Récit des actions de Sire John Burgh à l'isle de Ré.)

— *An unhappy view of the Behaviour of my lord duke of Buckingham at the isle of Re.* (Conséquences désastreuses de la conduite de Milord duc de Buckingham à l'isle de Ré.)

— *Véritable récit des choses les plus remarquables arrivées à l'isle de Ré*, par le sieur de La Magdeleine. Saint-Jean d'Angely, impr. Boisset, 1628, pet. in-4°, rare.

— *Saint-Martin de Ré et La Rochelle*, 1627-28, par Pierre Mervault.

— *Relation du Père Placide de Brémond, bénédictin, chevalier de la Croisade*, faite à Sa Majesté à son retour de l'isle de Ré au camp d'Estré, devant La Rochelle; du passage miraculeux de 29 barques que M. le Cardinal envoya à M. de Toiras en la citadelle de Saint-Martin de Ré, etc. Paris, Brunet, 1627, in-8°, 46 p., rare.

— *Récit véritable fait aux Reynes par M. de Camp-Rémy*, envoyé à leurs Majestés de la part du roy, de la honteuse retraite des Anglais et de tout ce qui s'est passé pendant les huit jours qu'ils ont esté à la rade de La Rochelle. Paris, Barbote, 1628.

— *Oraison faite à Dieu lorsqu'on est allé à l'isle de Ré*, par le R. P. Suffren, 1627, in-32.

— *Anglorum ad Rheam excensio* (Descente des Anglais dans l'isle de Ré), par Pierre de Boissat, 1649, in-fol. (Extrait de ses œuvres latines.)

— *Relation au vray de ce qui s'est fait en l'isle de Ré*, depuis le passage des gardes du roy jusqu'au départ des Anglais, 1627, in-8°.

— *Journal au vray de ce qui s'est passé dans l'isle de Ré*, depuis la descente des Anglais. Impr. à Tolose, br. in-8°, 56 p.

— *Lettre de M. de Netz, aumônier du roy*, depuis le 31 octobre jusqu'au 7 novembre 1627. Paris, Jean Tompère, libr. rue des Amandiers, br. in-8°, 4 p.

CHAPITRE XV

Bataille de Loix

8 novembre. — Dès son arrivée dans l'île, Schomberg tient conseil ; il donne l'ordre à Marillac de marcher en tête avec la cavalerie, de se porter entre La Flotte et Saint-Martin afin d'intercepter les communications que les garnisons de ces deux localités pourraient avoir entre elles et les secours mutuels qu'elles pourraient se porter.

A la suite de la cavalerie, Schomberg prend la tête de l'infanterie ; il apprend que l'ennemi, deux heures avant le jour, a évacué La Flotte.

Sur son ordre, Marillac s'avance vers les retranchements établis par les Anglais autour du fort Saint-Martin afin de se montrer aux assiégés ; là encore, il s'aperçoit que l'ennemi a disparu.

Il dépêche alors Saint-Preuil dans le fort pour prévenir Toiras de son arrivée, de celle de Schomberg et s'informer de ce que fait l'ennemi dans le bourg Saint-Martin.

Toiras, déjà sorti du fort pour se rendre au-devant de Schomberg, ne peut rien dire sur l'ennemi, faute de renseignements, si ce n'est qu'en dehors du bourg et à gauche, deux demi-escadrons de cinquante cavaliers chacun apparaissent entre des moulins à vent, qu'ils semblent vouloir défendre.

Arrivé à La Flotte avec l'infanterie, Schomberg décide d'y cantonner et de s'y fortifier, afin de resserrer davantage l'ennemi entre lui et le fort Saint-Martin ; à cet effet, il ordonne à Du Plessis, sergent de bataille, de lui trouver un endroit favorable au-devant de ce bourg, ce qu'exécute celui-ci avec prudence et célérité.

Pendant ce temps Buckingham, comme il est facile à voir, avait résolu d'opérer subitement sa retraite vers l'île de Loye, afin d'y effectuer avec plus de sécurité, au premier signal, le rembarquement de son armée.

Il fit donc filer doucement, en ordre et à l'insu de Toiras, ses bataillons hors du bourg Saint-Martin, vers le village de la Couarde et, pour masquer sa retraite, laissa deux escadrons en garde auprès des moulins susdits.

Les Français ne tardèrent pas à apercevoir dans le lointain les drapeaux de l'armée anglaise battant en retraite; ils comprirent sans peine que celle-ci n'avait pas l'intention de livrer bataille.

Schomberg réunit son conseil et interroge chacun sur l'attitude à prendre, selon que l'ennemi quitte Saint-Martin pour sortir de l'île ou pour mieux se préparer au combat.

La plupart émet l'avis suivant : « L'honneur du nom exige que les Français, attaqués par les Anglais au mépris des traités, leur livrent bataille et les forcent à fuir. Pour la gloire du roi et de son armée, il importe de ne pas manquer une occasion si favorable. Il faut châtier cette nation d'outremer et réprimer son audace en lui empêchant d'attaquer de nouveau la France et d'y porter la guerre. Enfin, quel que soit le dessein des Anglais, il faut les attaquer et les forcer à se battre. »

Tel est aussi l'avis de Toiras : « Il ne faut pas souffrir, dit-il, que les Anglais, qui se vantent d'être entrés en France par une défaite des Français, puissent se vanter de sortir de l'île si injustement envahie, sans avoir accepté de l'armée du roi un combat aussi juste que nécessaire.

« Il faut venger le sang de tant de braves, morts pour la patrie et tailler en pièces avec le fer et la main, avant leur départ de l'île, ceux qui, à l'arrivée, ont tué tant de gentilshommes français par les balles et les boulets.

« Il faut, pour la bonne renommée du royaume et l'honneur du roi, qu'on puisse dire que l'ennemi n'est pas parti mais a été chassé, qu'il n'a pas été expulsé mais écrasé.

« Les Anglais d'ailleurs sont déjà accablés par un long siège et mille maux, l'assaut de l'avant-veille les a épuisés, ils sont frappés par la subite arrivée de nos troupes, ils sont terrifiés à l'aspect de l'armée française qui les poursuit; une armée sans force et sans chef est bien près de la défaite. »

Tel était aussi l'avis de Schomberg qui, en tout temps et surtout en ce jour, donna encore une preuve nouvelle de sa fidélité pour le roi, de sa grandeur d'âme, de sa prudence et de son courage.

L'avis de Marillac fut tout autre : « Nous sommes envoyés par le roi, dit-il, pour faire lever le siège du fort Saint-Martin et expulser l'ennemi de l'île; le premier but est atteint puisque l'ennemi a abandonné son camp et ses retranchements, l'autre est presque atteint aussi puisque l'ennemi s'en va de lui-même.

« Il y a donc lieu de leur préparer et même de leur construire (comme jadis Aristide aux Grecs, à Salamine) un véritable pont d'or plutôt que de leur opposer une barrière de fer.

« Mars et la Victoire sont toujours douteux, l'issue des combats n'a rien de certain, surtout lorsque les forces sont inégales.

« Il faut qu'un chef d'armée suive le conseil d'Henri le Grand qui, pour s'emparer d'Amiens, préféra empêcher l'arrivée des subsides et des convois espagnols que de livrer bataille, surseoir à la reddition de la place, que de précipiter la victoire, bien qu'elle fût alors moins douteuse qu'aujourd'hui.

« Les desseins du roi sont accomplis, l'expédition faite, la guerre finie.

« Le roi est au comble de ses désirs, il doit être tranquillisé sur notre expédition, bien supérieure à une guerre, puisque l'ennemi se retire sans combat; hasarder le succès d'une telle entreprise par une bataille serait non seulement de la vanité mais un crime.

« La gloire et tout ce que l'on recherche dans les combats est le propre des particuliers, dont le courage et l'énergie méritent certainement des éloges, mais il n'en est pas ainsi pour le roi.

« Les simples mortels, disait sagement Tibère, doivent faire ce qui leur est avantageux; un prince, au contraire, doit avant tout se faire une renommée. C'est pourquoi, pour ne pas exposer la bonne renommée du roi et de ses armes, nous ne devons livrer combat que si l'attaque est sans danger et la victoire certaine, ce qui ne peut manquer d'avoir lieu ici, si l'on sait profiter de l'opportunité du temps et des lieux qui se présentent le plus souvent d'eux-mêmes lorsqu'une armée bat en retraite en présence d'un ennemi menaçant.

« Entre le bourg de Saint-Martin et le chenal qui le sépare de l'île de Loix, l'ennemi est obligé de faire route, par un passage étroit, dans lequel il est facile d'atteindre des troupes échelonnées et de les battre.

« Vu la marche actuelle de l'ennemi il y a lieu de conserver la position de défense que notre infanterie a prise à la sortie du village de La Flotte et de s'y fortifier, car l'ennemi ne peut la contraindre au combat malgré elle.

« Si l'ennemi ne songe qu'à la retraite, notre armée le suivra en bon ordre et prête au combat, utilisant tous les avantages du terrain; si, au contraire, il présente le combat, nous ne le refuserons ou l'accepterons que s'il nous paraît avantageux.

« S'il traverse la Couarde, lorsque la première partie de

l'armée sera passée, nous tenterons une attaque de la seconde. S'il parvient au passage de Loix qu'il ne peut traverser qu'à découvert et en vue des dunes situées sur ses derrières et ses côtés, nous saisirons cette dernière et excellente occasion de lui livrer bataille.

« Là, sans aucun doute, nous infligerons, sans coup férir, un vrai désastre à l'ennemi, nous remporterons une victoire aussi complète que certaine et couvrirons de gloire les armes du roi. »

Cet avis excellent et d'une grande sagesse n'ôte pas à la plupart le dessein et le désir de livrer bataille. Schomberg, loin de le mépriser, pèse attentivement toutes les raisons, les préfère au désir de ceux qui, avides de gloire, veulent l'attaque immédiate; il se réserve d'attaquer l'ennemi dans sa retraite dès que l'occasion sera favorable.

En conséquence, il donne les ordres suivants :

1° A Marillac, de devancer la cavalerie avec une compagnie de trente cavaliers de l'escadron de Bussy-Lamet et huit gentilshommes volontaires;

2° A la cavalerie, de suivre cette avant-garde;

3° A l'infanterie, formant le gros de l'armé, de suivre la cavalerie;

4° Au reste de la cavalerie, de former avec lui l'arrière-garde de l'armée.

Au départ de la Flotte, il envoie Du Plessy, sergent de bataille, en tête de l'infanterie, pour être prévenu de tous les mouvements en avant ou en arrière que ferait la cavalerie.

Sur son ordre enfin, Toiras fait sortir du fort Saint-Martin six cents hommes pour renforcer l'armée.

Marillac s'avance donc en tête de l'armée, suivant les conseils et dans l'ordre prescrits. A son approche, la cavalerie ennemie postée près des moulins, s'enfuit au plus vite; Marillac prend possession de ce poste afin d'observer l'infanterie ennemie.

Il la voit battre en retraite vers la Couarde; au galop de

son cheval, il se porte en avant et voit que l'armée anglaise est composée d'environ quatre mille hommes, formant sept bataillons, il en fait part à Schomberg et continue à la même allure et avec la même ardeur à observer les mouvements de l'ennemi.

Entre Saint-Martin et La Couarde s'étend, en tous sens, une plaine d'une lieue (trois milles anglais). L'ennemi franchit rapidement cette distance sans faire plus d'une halte et, sans modifier son ordre de marche, fait volte-face, comme s'il voulait offrir le combat à l'armée française.

Telle n'était pas l'intention de cette armée de fugitifs; cette feinte n'avait d'autre but que de faire reprendre haleine aux Anglais, fatigués de la marche et du poids de leurs armes.

L'armée française s'arrête également, mais ni plus ni moins que l'ennemi, c'est-à-dire un demi-quart d'heure; celui-ci, gêné à droite et à gauche par des salines, se dirige droit vers La Couarde.

Arrivé là, il fait volte-face une seconde fois, se met à l'abri d'un grand fossé, place des mousquetaires derrière des haies, des murs et autres fossés, dans des positions très avantageuses, pendant que l'armée défile au travers du village, cachée aux yeux des nôtres et que son arrière-garde, en position de défense, semble vouloir nous tenir tête.

Marillac, qui a l'ordre de suivre au plus près les mouvements de l'ennemi, malgré les mousquetades diri-gées sur son cheval, reconnaît bientôt cette tactique; il prévient Schomberg qu'il est temps de couper la retraite à l'ennemi; celui-ci donne ordre aussitôt à l'infanterie de se porter en avant.

Avant que celle-ci eût fait la moitié de l'étroite route qui traverse La Couarde, l'ennemi en était sorti et s'était reformé rapidement, se dirigeant vers La Passe, distant de La Couarde d'une lieue à peine.

Schomberg, se rendant compte de l'ordre de marche de l'ennemi, ordonne à Marillac de continuer à le poursuivre.

Tandis que notre infanterie poursuit les Anglais sur la route de La Couarde, Toiras, brûlant du désir de combattre ces ennemis du Roi et de venger dans le sang anglais la mort de ses deux frères, fait savoir à Schomberg qu'à droite du village, entre deux ruisseaux, s'ouvre une route sûre, permettant d'engager la bataille plus tôt et plus facilement.

Schomberg, apprenant que le soldat aurait là de l'eau jusqu'à la ceinture et qu'il serait, en passant ces ruisseaux, en vue de l'ennemi, loin de vouloir exposer ainsi ses troupes sans nécessité, ordonne par prudence de n'avancer que par l'étroite route de La Couarde.

Pendant ce temps l'ennemi arrive au manoir de La Passe, situé sur le chemin étroit qui sépare les salines des dunes de la mer sauvage.

Son arrière-garde fait alors volte-face, présentant un front de trois bataillons; elle fait occuper les dunes par quelques cavaliers, pour empêcher les nôtres de reconnaître le chemin suivi par le gros de l'armée qui s'avançait, derrière les canons, vers une chaussée aboutissant en droite ligne à un pont construit par les Anglais.

Marillac qui, selon l'avis et les conseils de Schomberg, avait mis tout son espoir de succès dans l'étroitesse de ce défilé, s'empresse de repousser les cavaliers anglais postés sur les dunes, y monte à son tour pour voir l'armée ennemie tout entière et suivre sa marche des yeux.

Dès qu'il voit les premiers bataillons anglais déjà engagés sur la chaussée, il prévient Schomberg de presser la marche de l'infanterie ; aucun moment ne lui paraît plus avantageux pour l'attaque, sans laquelle va s'évanouir toute possibilité de victoire.

Pour mieux faire ressortir la valeur de ses renseignements et de ses plans, il met sous les yeux de Schomberg la carte topographique du chemin suivi par les Anglais.

Ceux-ci suivent la chaussée susdite, large de six ou sept mètres, bordée de chaque côté par un fossé plein d'eau qui la sépare, à droite et à gauche, d'immenses salines.

A trois ou quatre cents pas plus loin, cette chaussée aboutit à un petit pont de bois; de là elle tourne à droite pendant quatre-vingts pas environ, puis à gauche pendant près de deux cents pas et enfin elle fait un coude de cent vingt pas pour aboutir à un second pont de bois pouvant donner accès à six cavaliers de front et construit par les Anglais sur le chenal nommé « le passage », qui sépare l'île de Loix de l'île de Ré et est large de quarante pas.

Au-delà de ce pont, les Anglais avaient élevé un retranchement de soixante mètres environ de longueur, de trois mètres de hauteur, entouré d'un fossé plus large encore et flanqué aux extrémités de deux demi-bastions, dont l'un protège une issue propice à la retraite d'une armée.

A l'entrée et à gauche de cette chaussée se trouve une villa bordée de fossés pleins d'eau, nommée La Davière, devant laquelle s'étend une prairie entourée également de fossés pleins d'eau; cette prairie peut contenir douze cents hommes.

A droite de la chaussée s'étend une autre prairie entourée de fossés profonds; enfin, au-devant de la chaussée, s'étend un grand champ de sable entouré d'un fossé vide et à sec.

L'artillerie ennemie est déjà arrivée au premier pont, deux bataillons ont déjà passé, trois sont engagés sur la chaussée, deux autres attendent en bataille dans le champ de La Davière avec deux escadrons à leur droite prêts à protéger la retraite.

A la vue de toutes ces dispositions, Marillac reconnaît qu'il est temps, sinon jamais, de charger; il revient au galop vers Schomberg pour l'avertir de cette occasion favorable et recevoir de lui l'ordre d'engager le combat.

Schomberg fait aussitôt sonner la charge, l'infanterie aux ailes, la cavalerie en tête et au centre.

Marillac obéit au plus vite aux ordres de son chef, choisit dans les deux bataillons de gardes royales, formant l'avant-garde, deux corps d'enfants perdus (éclaireurs), commandés par de Drouët et de Puységur[1], leur donne ordre d'avancer rapidement et à de Bussy-Lamet de marcher en tête de son escadron de cavalerie, au milieu de ces deux corps d'enfants perdus.

A la vue, d'une part, du régiment de Piémont et du régiment de Champagne s'avançant par des chemins impraticables, sautant chaussées, fossés, marais, à la vue d'autre part des enfants perdus qui accourent, l'ennemi s'ébranle, accélère le pas, se développe dans le champ bordé de fossés de La Davière afin d'être plus à l'aise pour la défense.

Malgré sa marche accélérée, notre infanterie ne peut arriver à temps pour s'opposer à cette tactique. Marillac le comprend; il commande alors à l'escadron de de Bussy-Lamet de piquer des deux, de lâcher les rênes et de charger l'ennemi à sa suite.

Au premier coup de mousquet parti des rangs anglais, l'escadron de Bussy, sabre au clair, est déjà au milieu d'eux.

En même temps Schomberg, avec la cavalerie qu'il commande en personne, prend la tête des troupes, charge l'ennemi, criant, brandissant son épée et faisant grand carnage.

Il rompt avec tant de violence les escadrons anglais rangés en bataille que, malgré leur énergique résistance, ceux-ci sont taillés en pièces; leur infanterie elle aussi, massée à l'entrée de la chaussée et dans le champ de La

---

[1] De Puységur, alors enseigne au régiment des gardes royales, devint maréchal de France.

Davière est rejetée de toutes parts. Il parvient ainsi jusqu'aux drapeaux.

Il fait un tel carnage que la plupart des Anglais sont tués, blessés ou rejetés inanimés de droite et de gauche dans les fossés bordant la chaussée.

Dans cette charge aussi violente qu'acharnée, de Bussy-Lamet, qui est en tête, a son cheval tué sous lui, son fils, blessé.

Pierre de Gondi, général des galères de France, jeune homme de courage et d'avenir, possédant avant l'âge d'homme une âme virile et ayant une charge importante, tombe à ses côtés, blessé à l'épaule d'une balle de mousquet, mais non mortellement.

Il en est ainsi de de Chappes-Villquier blessé d'une balle de mousquet à la cuisse.

Aux côtés de Bussy-Lamet combat la fleur de la noblesse, Henry de Lorraine comte d'Harcourt, Henry de Lorraine marquis de Mouy, Philippe dë Montaut de Navailles, la chevalier de Valançay, les sieurs de Vientais, des Garets, d'Arnault, de Bellingan, de Saint-Preuil, le marquis d'Uxelles.

Prennent également part à cette charge de cavalerie les gendarmes du roi et ceux de la reine-mère, commandés par le baron de Guespré, de Villiers, de Saint-Genest; les chevau-légers du roi commandés par de Vicq, parmi lesquels se trouvent le prince de Guéméné et le duc de Retz.

A la tête de toute cette phalange combat Schomberg, non seulement en vrai général, mais en vrai héros; il est le premier à mettre l'épée au poing, à entraîner ses soldats de la voix et du geste, à rougir du sang ennemi et le sol et son glaive.

Après cette vigoureuse et heureuse charge de cavalerie, Marillac, qui a mis pied à terre, conduit hardiment l'infanterie à la poursuite des ennemis débandés et démoralisés vers la chaussée, sur le pont, au-delà du pont, dans les fossés, les retranchements, au-delà de leurs canons et même jusqu'à quatre cents pas dans l'île de Loix, tuant et blessant tout ce qu'il rencontre.

Arrivé là, Marillac s'aperçoit que deux bataillons d'Irlandais, arrivés des premiers dans l'île de Loix, se sont ralliés entre deux murs. Impossible de pouvoir les atteindre autrement que par une autre chaussée étroite dont chaque issue est garnie de mousquetaires; d'autre part, comme la plupart de ses soldats, encombrés de butin, de dépouilles des morts et des prisonniers, sont attardés et que les autres sont encore en désordre, il ordonne de s'arrêter et de cesser toute poursuite.

Il fait arrêter Drouët, Tilladet, Espagne, Porcheux, capitaines des gardes, qui sont en tête avec de Fequières, le chevalier de Chappes, le baron de Valançay, le marquis d'Annonay, les sieurs de Charauld, d'Arnauld, des Garets et de Thibaud, capitaine au régiment de Champagne.

Derrière eux il place des mousquetaires et des piquiers sur les points les plus importants à défendre.

Il ordonne alors de faire avancer des troupes d'infanterie, afin de poursuivre ses avantages au milieu des ennemis dispersés de toutes parts.

Pendant l'attente de ces troupes et la mise des nôtres à l'abri du feu de l'ennemi, afin de ne pas exposer inutilement ces braves après leur si belle conduite, une panique se met dans nos rangs; malgré Marillac et tous ses efforts nos soldats se replient jusqu'au pont.

Cette panique encourage l'ennemi à s'élancer, piques baissées; mais de Saligny accourt avec quelques mousquetaires des gardes (dont trois valets de pied du roi), les gentilshommes susdits, placés en tête par Marillac et Marillac lui-même.

Ceux-ci soutiennent si vigoureusement le choc des deux

bataillons irlandais venus de deux côtés à la fois qu'ils les repoussent et restent maîtres du champ de bataille.

Cette action, aussi brillante qu'importante, permet à Marillac de raffermir le moral de ses troupes, de mander du renfort, de constater que les armes du roi mettent les Anglais en pièces, font un horrible carnage des ennemis dont les corps jonchent la terre et dont le sang rougit l'eau des salines.

Il reconnaît alors qu'il ne faut pas abuser de la victoire, qu'il faut se contenter de la gloire que la puissance divine accorde aux armes du roi ; que, pour la conserver, il ne faut pas continuer la poursuite de l'ennemi, mais se retrancher dans les deux demi-bastions élevés par les Anglais et qui devaient protéger leur retraite.

Il donne l'ordre à de Saligny d'entrer dans un de ces demi-bastions avec ses soldats, de s'y retrancher et rétablir l'ordre troublé par la panique et le pillage. Saligny prend de suite position du poste qui lui est assigné et s'y maintient.

Le pont et la chaussée sont exhaussés d'un tel amas de cadavres que, du sommet, la vue s'étend au loin comme du haut d'un échafaudage élevé à la gloire du roi.

Du Plessy, sergent de bataille[1], dont le zèle et le courage ne se sont pas ralentis pendant le combat, reçoit les ordres de Marillac du haut de ce monceau de cadavres.

Les mousquetaires ennemis ayant regagné le pont et la chaussée viennent encore attaquer les nôtres. Marillac envoie contre eux d'un côté La Meilleraye, maître de camp du régiment de son nom, qui, quoique malade, donne ses ordres porté sur une civière ; d'un autre côté il envoie de Marsillac, capitaine au régiment de Piémont.

De Fontenay et de Beaumont sont placés à la garde du pont avec l'élite des piquiers de leur régiment ; de Ram-

---

[1] Ancien terme analogue à celui d'aide de camp.

bures-Dampierre avec quelques mousquetaires va renforcer Saligny au demi-bastion. Des Étangs, capitaine au régiment de Champagne, de La Passe, capitaine au régiment de Chappes, Baure, capitaine au régiment de Piémont, blessé peu après et remplacé par de La Courbe, de Fouquerolles, de Rambure, de La Meilleraye, du Plessis-Praslin, arrivent successivement au pont.

Grâce à Marillac et à ses officiers, le pont et les demi-bastions si courageusement enlevés à l'ennemi et occupés par les nôtres dès le commencement du combat nous sont ainsi conservés [1].

On ne tarde pas à voir enfin l'ennemi battre en retraite vers le village de Loix, ce qui permet aux vainqueurs de prendre un repos bien gagné.

Le soleil baisse déjà à l'horizon, il est temps de songer au repos des troupes fatiguées par les marches et les combats.

Schomberg fait sonner la retraite. A cette sonnerie Marillac envoie Du Plessy, son sergent de bataille, rappeler de Saligny et les autres gentilshommes placés dans les demi-bastions qui défendent la tête du pont.

De Comminges, capitaine au régiment de Champagne, reçoit l'ordre d'y rester seul avec ses piquiers et ses mousquetaires, jusqu'à ce que les troupes soient sorties des marais et aient regagné la chaussée.

De Beaumont est mis de garde à la villa de la Davière, à l'entrée de la chaussée, auprès des canons pris à l'ennemi.

Les troupes rassemblées, de Comminges reçoit l'ordre de quitter la tête du pont et de rejoindre l'armée.

---

[1] Tout est écrit ici à l'avantage de Louis de Marillac, maréchal de camp, ce qui explique pourquoi son frère, Michel de Marillac, garde des sceaux au roi, s'est empressé de traduire en français, dès 1628, tous les passages avantageux à son nom, à l'exclusion de bien d'autres qui se trouvent dans la relation latine d'Isnard, publiée en 1630. (Note du traducteur.)

Marillac va alors prendre les ordres de Schomberg pour la nuit.

Celui-ci lui prescrit de laisser un escadron et deux compagnies en grand'garde à l'entrée de la chaussée et, après avoir réparti sa cavalerie en divers postes entre la Davière et Saint-Martin, revient cantonner dans ce bourg.

Après s'être acquitté si largement et si rapidement de ses devoirs de général en chef, Schomberg écrit au roi, pour dissiper son inquiétude, les événements aussi favorables que rapides de cette journée où sous d'heureux auspices la victoire s'est montrée encore plus rapide qu'elle ne le fut à César.

« En un seul jour, dit-il, j'ai débarqué dans l'île, levé le siège du fort Saint-Martin, mis l'ennemi en fuite, l'ai battu et vaincu. »

Il énumère ensuite les ennemis tués et prisonniers, les étendards pris et, pour une telle bataille, le peu de tués du côté des nôtres.

Un seul gentilhomme de Porcheux est mort, quelques gentilshommes et officiers sont blessés.

Il annonce aussi au roi qu'il a donné ordre de combler et niveler dès le lendemain les tranchées et ouvrages de fortification construits par les Anglais autour du fort Saint-Martin et qu'il le tiendra au courant des faits et gestes des ennemis au sujet de leur séjour dans l'île de Loix, de leur rembarquement, de leur départ pour l'Angleterre.

Les ennemis tués sont très nombreux ; s'il n'y en a pas eu davantage, cela tient aux marais au travers desquels ils purent s'enfuir. Leurs pertes s'élèvent à 2.000 hommes, tant tués que noyés, quatre canons et 46 drapeaux. Le lendemain les armes de plus de 3.000 hommes furent relevées du champ de bataille.

Il y eut parmi les morts (au dire des Anglais qui vinrent les inhumer) 5 colonels, 3 lieutenants-colonels, 150 capitaines ou officiers, 20 gentilshommes de haute noblesse.

Parmi les prisonniers il y eut le général de la cavalerie; le chef de l'artillerie, 35 capitaines ou officiers, 12 gentilshommes et 100 ou 120 soldats.

La cavalerie ennemie ayant été dispersée, tous les chevaux furent pris le jour même ou le lendemain.

Le butin fut tellement considérable que 1.300 soldats français purent se vêtir, de pied en cap, d'uniformes anglais et se coiffer de leurs casque ou casquette semblable au casque de Mercure, appelé dans le pays « tappabeure », qu'ils portèrent dans la suite, soit au camp de la Rochelle, soit à Paris, soit ailleurs.

On ne peut s'imaginer combien cette bataille fut heureuse pour nous et combien peu de sang elle nous coûta. Nous n'eûmes à regretter que de Porcheux, capitaine au régiment des gardes qui, blessé d'un coup de feu lui ayant fracturé la cuisse, succomba quelques jours après, ainsi que quelques hommes de nom inconnu.

Pierre de Gondy, général des Galères de France, fut blessé à l'épaule, de Chappes-Villequier à la poitrine, de Jalles, écuyer de Schomberg, à la cuisse, tous trois de mousquetade.

Outre ces gentilshommes, quelques officiers et soldats furent aussi blessés assez grièvement, mais non mortellement; en somme le sang français coula peu.

Quant à Buckingham, que nous ne pouvons passer sous silence, Milord Montjoie attesta à Schomberg qu'il était présent à la bataille; en plein combat, dans la déroute des siens, il essayait de ranimer leur courage et d'empêcher la fuite, lorsqu'il fut blessé d'un coup de feu.

Des Français affirment aussi l'avoir vu dans les rangs de ses soldats en déroute; il était armé d'une pique et, celle-ci ayant été brisée, il mit l'épée à la main.

Les survivants de cette grande défaite se rembarquèrent dès le soir même jusqu'à 8 heures du matin; quand tous eurent pris place sur les vaisseaux, Buckingham fut le dernier à se rembarquer et à quitter cette île, regrettant amèrement tous les amis, tous les vaillants, tous les soldats qui y avaient laissé la vie.

Quant à Soubise, il avait été, comme toujours, le premier à fuir ; ô Français, rougissez de voir en cet homme un français perfide et rebelle, qui n'eut pas honte de fuir, dès le début de la bataille, dans le navire qui l'avait amené de La Rochelle.

On s'étonnera peut-être d'entendre parler ici de cet homme, dont il n'a été nullement question dans le récit du siège. En effet, lorsqu'on demandait à parlementer, à faire échange de prisonniers ou quelque opération de guerre, Toiras ne voulait jamais entendre parler de lui et ne reconnut pour chef ennemi que Buckingham. Pourquoi alors parler d'un homme qui n'eut rien à faire ? Ce tison réel de la guerre refroidissait par ses froides raisons les cœurs et les esprits les plus chauds au combat, au lieu de les enflammer.

Peut-être Soubise cherchait-il par toutes ses lenteurs, lui tant de fois vaincu, à retarder cette victoire de Louis-le-Juste ? Peut-être prévoyait-il, en conscience, que Dieu, irrité contre les Anglais, accorderait encore cette victoire à la France ? Craignait-il qu'une victoire des Anglais causât une nouvelle honte pour lui et un nouveau danger pour les siens ? S'il avait eu plus de cœur, il eût pensé à sa patrie et épargné le sang français !

Le jour de la descente dans l'île, Soubise était malade à La Rochelle, où il resta tranquillement ; la guerre alors languit avec son auteur ; les deux partis en supportèrent les conséquences. Que fit-il contre le fort Saint-Martin ? Que fit-il partout où il fut ? Personne ne le sait, personne n'en a jamais entendu parler.

Plus il se savait haï des Français, plus il se cachait, de peur d'être fait prisonnier ou d'être forcé de se battre.

Loin d'assister comme Buckingam à cette bataille, il prit la fuite, quoiqu'il fût l'auteur de cette guerre, et aima mieux survivre à son déshonneur que mourir avec les siens en combattant.

Cette flotte infortunée, demeura huit jours à l'ancre, de telle sorte que les Anglais ne pouvaient ni quitter de vue ces rivages qui leur étaient pourtant si odieux, ni arracher leurs yeux de ces champs pour eux si funestes, de ces marais encore teints du sang des leurs, assistant de loin aux tristes funérailles de leurs compagnons.

17 novembre. — Enfin la mer se calme, les vents changent, les Anglais font voile et partent, mais non pas tous.

Des huit mille hommes arrivés tout d'abord et du renfort reçu depuis, il revient mille blessés ou malades et mille ou douze cents hommes seulement sains et saufs. Dans leur traversée de France aux côtes d'Angleterre, ils jettent à la mer trois cents cadavres ; ce spectacle rend leur retour encore plus lugubre et apporte, sur les côtes de France, les preuves de la vengeance de Dieu.

Admirons ici la divine Providence, qui donne la force au courage et la prudence à la sagesse. Elle distribue la victoire et les avantages de la guerre suivant les ordonnances secrètes de sa volonté. Elle se sert, pour obtenir ces résultats, des circonstances, des instruments et des personnes appropriées, de telle sorte que la grandeur de ses desseins éclate en tous ses actes et révèle sa prévoyance, sa sagesse et sa puissance, bien supérieures à celles des hommes.

Le roi, en effet, avait tout préparé et tout ordonné, avec une telle prudence qu'il ne pouvait mieux faire ni mieux choisir ses soldats. En retour, ceux-ci lui montraient une fidélité, un courage et une élévation de sentiments à toute épreuve.

Le roi avait ordonné d'engager le combat six jours

auparavant, mais le souverain arbitre, qui avait décrété de toute éternité ce qui venait d'avoir lieu, voulut montrer qu'il était ici l'auteur et le maître, afin que tout l'univers chrétien sût bien que le roi très chrétien était l'élu du Dieu qui le protège du haut du ciel, renverse ses ennemis, brise toute puissance contraire à la sienne et, pour récompense de sa fidélité à toute épreuve, l'orne des trophées du triomphe.

Personne ne me reprochera de démontrer encore ce que peut faire l'intelligence humaine secondée par l'esprit divin, comme je vais le dire.

Selon les sages conseils du roi, une partie des troupes devait passer par le port du Plomb, sous les ordres de Schomberg, maréchal de France, l'autre partie devait passer par l'île d'Oleron, sous les ordres de Marillac, maréchal de camp.

Schomberg, craignant que la flottille, retardée par des vents contraires, n'arrivât trop tard à l'ennemi, chercha le moyen le plus commode de passer rapidement. Pendant ce temps, d'autres troupes passent par d'autres voies; mais elles avaient l'ordre de ne point combattre sans l'un de leurs deux chefs.

Arrivé à Oleron, Schomberg trouve quatre-vingt navires commandés par Marillac, prêts à partir avec bon vent (grâce à la diligence incroyable du Cardinal qui, en très peu de temps, avait su faire préparer convoi, vivres et munitions), il retarde le départ de cette flottille, afin de pouvoir en profiter.

A peine parti, le vent change, il est forcé de relâcher; le roi ne peut attendre, il fait mander Marillac d'Oleron; celui-ci obéit et vole vers le roi, qui lui ordonne de traverser au Plomb; il traverse au milieu des dangers et de la tempête, aborde à l'île le sept au soir, Schomberg le huit au matin; personne ne s'oppose à leur passage, bien que les ennemis fussent avertis de leurs desseins.

Dès le débarquement, prêts au combat, ils marchent droit à l'ennemi, s'avancent en ordre de bataille, font trois lieues, poursuivent un ennemi frais et rangé, lui aussi en bataille, lui livrent combat, le chassent et se trouvent, chose incroyable, vainqueurs d'un ennemi opposant cependant une résistance désespérée, sans qu'aucun soldat du roi ne restât sur le champ de bataille, malgré la vigueur du combat. La Providence ne voulait pas que le sang français fût mélangé au sang anglais; huit jours auparavant, donner cette victoire aux Français ou bien faire partir les Anglais lui eût été facile.

Elle préféra laisser la témérité des Anglais les conduire à de plus grands malheurs; leur échec du 6 novembre, s'ils avaient été sages, eût dû leur faire prévoir l'échec plus grand encore du 8.

Dieu, suprême arbitre des batailles, voulut ainsi montrer qu'il menait le roi et les Français à la victoire, comme par la main; qu'il leur livrait les combattants ennemis; qu'il les protégeait des balles, des épées et des piques, afin qu'aucun des siens ne fût atteint; qu'il aidait leur tactique, leur donnait des forces et dirigeait leurs coups, pour que leurs balles ne fussent pas perdues, mais portassent la mort dans les rangs ennemis.

Personne, en effet, n'est ici assez aveugle pour ne pas voir que les ennemis avaient tout pour vaincre, selon les lois de la guerre. N'avaient-ils pas pour eux le nombre, des troupes fraîches à volonté, le choix du terrain? La Providence cependant voulut qu'ils fussent taillés en pièces, grâce aux sages conseils du roi, grâce à la vaillance des Français, fidèles à leur roi et à leur patrie, enfin qu'ils fussent honteusement chassés de l'île qu'ils avaient odieusement envahie en armes.

Au dire des prisonniers, la nécessité de lever le siège était urgente pour les Anglais; les vivres manquaient, la plupart de leurs remberges et chaloupes étaient coulées, perdues ou ne leur permettaient plus de faire les gardes de jour et de nuit.

Le roi, au contraire, avait hâté la fuite de l'ennemi, pour qu'on ne pût dire qu'il partait faute de vivres, mais qu'on sut bien qu'il avait été taillé en pièces par son armée. Il hâta ce secours enfin pour que le désespoir n'atteignît pas les assiégés et pour enlever aux assiégeants, grâce à ses conseils tout espoir de victoire.

Pour en revenir à notre sujet, le jour de la victoire un convoi était envoyé au fort Saint-Martin de Ré par de La Richardière et commandé par le capitaine Odard, le roi l'avait commandé à ses propres frais, en l'absence du cardinal et n'avait épargné ni argent, ni peine, pour subvenir aux troupes de secours envoyées dans l'île.

Pour ne pas tarder à communiquer la bonne nouvelle de cette victoire, Louis XIII envoya Bellingant, témoin du combat, l'annoncer à sa mère, à sa femme et à tout Paris.

Le cœur des Reines fut soulagé des craintes qu'elles avaient au sujet de la victoire finale. Leurs majestés rendirent alors des actions de grâces publiques dans l'église de Notre-Dame-des-Victoires, au roi des rois, l'éternel vainqueur, le Dieu tout puissant. La Cour, les ministres, la préfecture, la magistrature s'y rendirent en grande pompe avec un grand concours de peuple. La France, alors inquiète pour le royaume et son roi, releva la tête et tira de cette victoire de bons augures pour la prise future de La Rochelle.

Le roi se fit apporter les canons et les drapeaux pris à l'ennemi, se fit présenter les officiers et prisonniers de marque, qu'il reçut très dignement en présence de la Cour. Après les avoir traités honorablement pendant quelques jours, ne voulant pas paraître moins clément que victorieux, il les renvoya sous serment et sans rançon à la Reine de la Grande-Bretagne, sa sœur affectionnée, pour lui témoigner son amitié et son estime, espérant que ce présent serait très agréable à sa souveraine majesté et très digne de sa sérénité.

Il envoya les prisonniers comblés de sa bienveillance sous la conduite de de Meaux, porteur de la lettre qui suit à l'adresse de sa sœur, la reine d'Angleterre [1] :

> *Madame ma Sœur,*
>
> *Dieu ayant voulu bénir mes armes, en sorte que le Milord Monioye, le colonel Gray, plusieurs capitaines, officiers et gentilshommes sont demeurés mes prisonniers, de la iournée qui se passa en Ré le huictiesme de ce mois,*
>
> *I'ay bien voulu tesmoigner à toute la chrestienté l'estime particulier que ie fais de vostre personne, vous renvoyant tous lesdits prisonniers que i'ay remis sur leurs paroles en vostre considération, puis que rien ne m'y a convié que l'amitié que ie vous porte, et la connoissance que i'ay, que ie ne sçaurois faire chose plus agréable à la Royne ma mère, que vous deferer ce que ie ne voudrois faire pour aucune autre.*
>
> *Le sieur de Meaux vous asseurera de ma bonne santé : ie vous prie d'avoir soin de la vostre, qui m'est tres chere, et vous asseurer qu'il n'y a frère au monde, qui face plus d'estat d'une sœur, que fait de vous, Madame ma Sœur, votre trés affectionné frère,*
>
> LOUIS.
>
> *Au camp devant La Rochelle ce dernier novembre 1627.*

Après avoir rendu la liberté aux gentilshommes anglais, le roi rendit aussi la liberté à tous les autres officiers et soldats anglais faits prisonniers à l'île de Ré. Ceux d'entre eux qui avaient été dépouillés par les vainqueurs furent

---

[1] La relation de Marillac prend fin avec cette lettre,

équipés à ses frais et eurent leur rançon payée sur le trésor, le roi voulant laisser aux vainqueurs la digne récompense militaire de leur courage et combler les vaincus des bienfaits de sa munificence et de la liberté.

BIBLIOGRAPHIE. — *Relation de la déffaicte des Anglois dans l'isle de Ré.* — A. Nyort, par la veuve de J. Mousset, 1627, in-8° de 21 p. non rel. et non rog. Superbe et rare pièce à toutes marge de la relation de la bataille de l'île de Ré, gagnée par le maréchal de Schomberg contre l'armée anglaise. (Rare.)

— *Relation de la descente des Anglois dans l'isle de Ré*, du siège mis par eux au fort ou citadelle de Sainct-Martin et de tout ce qui s'est passé de jour en jour, tant dedans que dehors pour l'attaque, défense et secours de ladicte place et jusque à la défaite et retraite desdits Anglois. (Ouvrage anonyme attribué à Michel de Marillac, garde des sceaux de Louis XIII, frère du maréchal Louis de Marillac qui commandait à la bataille de Loix.) A Paris, chez Edm. Martin, 1628, in-8°, rel. (rel. anc.), coté 45 fr., (rare).

— *Lettres d'Arnauld d'Andilly*, dont une « sur la défaite des Anglais à l'île de Ré ». Paris, 1662 et 1696, in-12, v.

— *La déffaite entière des Anglois et leur honteuse fuitte et retraitte de l'isle de Ré* par l'armée du roy, commandée par le maréchal de Schomberg, etc. Ses nouvelles apportées aux roynes par le sieur de Bellingaut. Paris, Jean Brunet, 1627, in-12, 12 p., cart., rare.

— *Panégyrique du roy Louis le Juste sur le sujet de la victoire que Dieu lui a donnée sur les Anglais en la journée de l'isle de Ré*, fait et prononcé par M. Pierre Bertrand de Mérigon, professeur et orateur en langue grecque, les 11 et 26 du mois de nov. 1628 au collège de Harcourt, à Paris. Paris, 1629, in-8°, 47 p., càrt., rare.

— *Traduction française du panégyrique précédent.* Paris, 1629, in-8°, 68 p., cart., rare.

— *Oraisons funèbres de Bossuet.* Dans celle de la reine d'Angleterre, Henriette de France, il est question de la victoire de l'île de Ré.

— *Grangierii oratio in victoriam de Anglo-Britannis.* Paris, 1627, in-4°.

CHAPITRE XVI

Réflexions sur le siège de l'île de Ré

Désormais débarrassé des préoccupations du siège du fort Saint-Martin, but principal de l'expédition anglaise envoyée au secours des Rochelais, Louis XIII rappela de l'île de Ré son armée victorieuse pour accroître d'autant ses forces sous les murs de La Rochelle. Guidé alors par les sages conseils de son éminent mentor, le cardinal de Richelieu, courroucé d'autre part par les efforts heureusement superflus de ses ennemis, le roi mit tout en œuvre pour assurer la ruine de ce rempart[1] de la rébellion, comme il avait récemment mis tout en œuvre pour assurer le salut de cet autre rempart[2] qui fut la ruine d'une autre rébellion ; il fit tout enfin et pour préparer la destruction de cette antique roche[1], séjour de la haine qu'il avait cherché dernièrement à éteindre et pour fortifier cette nouvelle roche[2] dont la défense fut si vigoureuse.

Le succès le plus complet vint couronner tant de généreux efforts, tant d'excellents conseils. En effet, il construisit, défendit et sauva une forteresse[2], d'autre part, détruisit combattit et ruina une autre forteresse[1]. Le salut de la première fut l'œuvre de Louis XIII, la ruine de la seconde fut l'œuvre d'un nouvel Hercule.

[1] La Rochelle.
[2] Le fort Saint-Martin.

— Après avoir écrit l'histoire du siège du fort Saint-Martin,
je me propose, s'il plaît à Dieu et si la chose n'est point au-
dessus de mes forces, d'écrire l'histoire du siège de La
Rochelle, qui est de bien plus grande importance encore;
mais ce sera, cette fois-ci, dans une langue plus familière
et mieux à la portée de tous [1].

— Je ne crains pas d'être jalousé, ni démenti par les
envieux quand je viens dire que la première part de la
victoire de l'île de Ré revient au roi, la plus grande
gloire à l'éminent Cardinal et les louanges les mieux
méritées à Schomberg, Marillac, Toiras et leurs compagnons d'armes.

— Personne ne préfère ignorer la vérité que la connaître,
à moins d'être plongé dans la plus grossière erreur ; par
conséquent, quel est l'historien assez osé qui refuserait de
proclamer la bonne foi du ministre d'un si grand prince,
sa fermeté dans les conseils, sa promptitude dans l'organisation des secours, dans les envois de vivres aux assiégés, dans l'équipement de flottilles, dans le choix de
troupe.

Qui refuserait de proclamer l'habileté de Schomberg à
diriger une armée et à lui faire passer la mer, sa grandeur d'âme, sa diligence dans la poursuite de l'ennemi,
son courage dans l'attaque ?

Qui refuserait de proclamer l'intrépidité de Marillac sur
mer, sa sagesse dans les délibérations, son ardeur dans
l'action, sa valeur au combat, sa rapidité à préparer et
propager la victoire ?

Qui refuserait de proclamer la prudence, la patience,
la vigueur de Toiras pour fortifier une citadelle, soutenir
un siège, supporter la disette, repousser un assaut général,

---

[1] En français.

apaiser les séditions, écarter la trahison, différer la reddition, s'opposer au découragement et faire renaître l'espoir
dans tous les cœurs?

Qui refuserait enfin de proclamer l'ardeur et la véritable fureur martiale des gentilshommes, des officiers et
des soldats de cette armée.

— La durée de cette entreprise des Anglais contre la
France forme une période qui commence le 22 juillet 1627,
fête de sainte Magdeleine et date de la descente des ennemis dans l'Ile-de-Ré; elle se termine le 8 novembre de la
même année, date de la victoire remportée par les Français sur les Anglais qu'ils chassèrent de l'île. Ceux-ci ne
purent ni achever, ni mener à bonne fin cette campagne,
qu'ils firent traîner en longueur pendant trois mois et
demi, ce qui les obligea à lever le siège.

Nos appréhensions et nos craintes étaient bien grandes
à cette époque, mais la victoire que nos armes ont remportée depuis nous vint du ciel; nul n'en put douter, puisqu'elle eut lieu contre toute espérance.

Nous nous ferons donc un devoir de résumer brième-
ment chacune des félicités que le ciel nous accorda, non
seulement par pieuse reconnaissance pour le Très-Haut
qui nous vint en aide, mais aussi parce que le moment
nous semble opportun.

Le 15 août, fête de l'Assomption, la fièvre quitte le roi,
la santé lui est rendue.

Le 7 septembre, veille de la Nativité, arrive le premier
convoi de secours dans le fort sous les ordres de Valin.

Le 8 octobre, veille de Saint-Denis, pendant les pourparlers au sujet de la reddition du fort, arrive fort à propos
et fort heureusement un secours encore plus important
que le précédent sous les ordres de Maupas.

Le 6 novembre, date d'une fête chrétienne, consacrant
une antique croyance romaine, la citadelle est heureuse-

ment défendue contre un assaut général qui est repoussé avec vigueur.

Le 8 novembre enfin, octave solennelle de la Toussaint, les Français livrent bataille, sous d'heureuses auspices, et remportent sur leurs ennemis une victoire éclatante.

Ces événements sont de trop grande importance pour être passés sous silence et trop heureux pour que nous hésitions à affirmer que la France fut réellement protégée d'en haut, dans ces jours dignes d'être inscrits sur le marbre et dans les fastes de l'histoire.

BIBLIOGRAPHIE. — *Lettre de Nostre Sainct-Père le Pape Urbain VIII* envoyée à Monseigneur le comte de Schomberg sur la victoire obtenue contre les Anglois en l'isle de Ré. Paris, chez Franc Julliot, 1628, 6 p.

— *Epinicium Ludovico Francorum regi christianissimo*, ob receptam Rupellam repulsamg Anglorum classem. Hommage au roi sur la (prise de La Rochelle et la défaite de l'armée anglaise.) Joannis Baptistæ Doni. Romæ. Ex typographia Rever. Cam. Apost. MDCXXIX.

— *Lettre du maréchal de Schomberg* au roi sur le rasement des fortifications et tranchées des Anglais en l'île de Ré. Paris, 1627, in-8°.

— *Relation au vrai* de ce qui s'est passé depuis la descente des Anglais en l'île de Ré qui fut le 22 juillet jusqu'à présent. (Ch. de Valois, duc d'Angoulême.) Rouen, 1627, in-8°.

— *La fuite des Anglais* et le véritable récit de ce qui s'est passé dans l'île de Ré suivant le mémoire envoyé aux Reines et à Monsieur, frère du Roi...

— *Relation de la défaite des Anglais* dans l'île de Ré en 1627, par Emile Biais (archiviste, Angoulême), in-8°, br., Angoulême, Chasseignac, 1888.

— *Légendes militaires* (Je suis du régiment de Champagne), par A. Fiévée. Paris, Plon, 10, rue Garancière, 1874. (Roman moderne sur le siège de l'île de Ré.)

— *Tableau des victoires du Roi*. La défaite des Anglais en l'île de Ré, par Julien Colardeau, procureur du roi, à Fontenay. Paris, Quesnel, 1630, in-12.

— *Mercure français*, t. XIII (1626-27), t. XIV (1627-28). La descente des Anglais en Ré et leur défaite.

— *La descente de la flotte d'Espagne jointe à l'armée du Roi*, 1627, in-12.

CHAPITRE XVII

Parallèle entre l'expédition des Romains dans l'île de Crète[1] et celle des Anglais dans l'île de Ré.

L'expédition des Anglais à l'île de Ré *(Reticum Bellum)* peut être comparée, à juste titre, à l'expédition que firent jadis les Romains à l'île de Crète *(Creticum Bellum)*, non seulement par la similitude des noms, selon l'historien Flos, au style fleuri, mais surtout par la similitude des événements.

Le but des Romains était, en effet, de vaincre une île célèbre, la Crète; celui des Anglais de s'emparer d'une île riche, l'île de Ré.

Ces deux îles devinrent un obstacle aux factions, après avoir été longtemps favorables aux factieux, qui furent, d'un côté Mithridate, d'un autre côté la Rochelle.

L'une et l'autre île furent vengées par les armes. L'une fut investie par Marc-Antoine, tellement confiant dans la victoire qu'il avait chargé ses vaisseaux d'une bien plus grande quantité de chaînes que d'armes. L'autre fut cernée par Buckingham, dont les vaisseaux étaient tellement armés et pavoisés que l'on ne pouvait dire si le nombre des voiles l'emportait sur celui des drapeaux.

D'un côté, on crut que l'ennemi se serait dirigé plutôt

[1] Dernière guerre des Romains contre Mithridate, roi de Pont (Asie-Mineure) 66 av. J.-C.

vers Rhodes ou Eubée que vers Sériphée ou Gyarée, ces petites îles de la mer Égée ; de l'autre, on crut que l'ennemi se rendait à une parade de fête nautique ou à une pompe triomphale, mais non à un combat et au siège d'un simple fort, comme si la victoire n'était pas plutôt le résultat de la force et du courage que du nombre d'armes et de soldats.

L'un (Mithridate) fut puni de sa perfidie, l'autre (Buckingham) de son audace.

L'un (Mithridate) vit la plupart de ses vaisseaux pris, les captifs pendus aux voiles et, les Romains vainqueurs rentrer au port, en triomphateurs ; l'autre (Buckingham), qui s'imaginait venir assister à un triomphe, fut vaincu, eut ses soldats dispersés, faits prisonniers, eux qui avaient menacé les assiégés de la captivité et de la mort.

Louis XIII, estimant la clémence dans la victoire plus noble et plus grande que la victoire elle-même, prononça, dit-on, ces paroles mémorables :

« Allez, vaincus, allez prisonniers, je vous rends la liberté, mais soyez reconnaissants envers votre vainqueur et votre libérateur. »

BIBLIOGRAPHIE. — *Histoire du Mareschal de Toiras*, etc. (né à Saint-Jean-de-Gardonnenque en 1583), par le sieur Michel Baudier. Paris, Sebast. Cramoisy, 1644. in-fol°.

— *Le Paranymphe de la Cour*, etc., et quelques particularités de ce qui s'est passé tant à l'île de Ré que devant La Rochelle, in-8°. Rouen, Jacques Cailloüé, 1628.

— Grégorio Letti. — *Histoire du siège de l'île de Ré*.....

— *Lettre de Buckingham à Toiras* et réponse. Pièce in-12, 1627.....

— *François de Jussac d'Ambleville*, sieur de Saint-Preuil, maréchal des camps et armées de Louis XIII. A'' Janvier, 1859, in-8°, br.

— *Isagoge*. Extr. de Not. script. Hist. Gall., 3ᵉ partie, page 29.

— *Saint-Martin-de-Ré et La Rochelle*, 1627-1628. Pierre Mervault. Introduction et notes par Georges Musset. La Rochelle. Texier, 1893, in-4°, br.

CHAPITRE XVIII

Offrande à l'église Notre-Dame-des-Victoires, à Paris, des quarante-quatre drapeaux pris aux Anglais, le 8 novembre 1627, à l'île de Ré.

Louis XIII, convaincu qu'il rehausserait son triomphe en offrant ces drapeaux pris aux ennemis au Dieu dont l'égide tutélaire et la protection vraiment admirable lui avaient donné la victoire, ordonna qu'ils fussent portés à Paris, offerts en son nom devant les saints autels et suspendus à la voûte de l'église Notre-Dame-des-Victoires à laquelle il avait entièrement consacré sa couronne et son royaume, par un vœu, avant d'entreprendre cette expédition guerrière.

Au sire de Saint-Simon revint l'honneur de porter à Paris ces quarante-quatre drapeaux ou étendards (deux des quarante-six primitivement comptés ayant été oubliés ou perdus) ainsi que quatre canons avec un cortège vraiment royal, choisi dans la plus haute noblesse et parmi les plus fidèles soldats.

Le 21 décembre, fête de saint Thomas, ils furent reçus à Paris avec un cortège composé de cinquante gardes de Paris, quarante-quatre gardes du Roi, porteurs des étendards, douze gardes de la Reine portant la pourpre, montés sur de fiers chevaux; soixante vétérans de l'escadron des cuirassiers de la reine, commandés par le baron de La Prée; trente suisses de la garde, commandés par le lieutcnant des Brosses, enfin plusieurs gentilshommes de haute noblesse, les uns, désignés par la reine, les autres désireux de se joindre à un cortège conduit par un de leurs compagnons d'armes.

Les drapeaux furent déployés, aux acclamations de la foule, dans la rue Royale, en présence de la reine et de sa Cour, portés en grande pompe à la basilique de Notre-Dame-des-Victoires et remis devant l'autel entre les mains de l'archevêque de Paris.

Au milieu des prières publiques, des cantiques, des concerts, l'illustre et révérend prélat fit suspendre les drapeaux aux voûtes de l'église et fit au nom du roi, au Dieu trois fois saint et vainqueur éternel, la consécration de ces gages immortels de victoire, de ces souvenirs d'un secours céleste supérieur à tous ceux de ce monde.

Félicitons ici les Grecs qui, les premiers, gravèrent le souvenir de leurs trophées sur le marbre et l'airain; à leur instar, le souvenir de ces trophées du roi très chrétien restera gravé sur le bronze et le marbre.

Les Romains, eux, avaient la louable habitude, soit qu'ils la tinssent de leurs ancêtres ou qu'ils l'eussent consacrée par une loi, de ne jamais réparer les trophées guerriers suspendus dans leurs temples, lorsqu'ils étaient usés, par l'injure du temps, tandis qu'ils réparaient au contraire leurs ex-voto; considérant comme plus propice à entretenir la haine de leurs ennemis qu'à l'éteindre, l'entretien de ces souvenirs des offenses et des guerres passées.

En offrant ces trophées au Très-Haut, Louis XIII ne voulut pas faire ostentation de sa victoire, mais faire honneur aux vengeurs de ses armes et apprendre aux puissants à le craindre.

Il ne rechercha pas non plus dans cette offrande l'honneur de son nom mais la gloire du Tout-Puissant; il ne voulut pas entretenir le feu des haines de ses ennemis, en faisant suspendre leurs drapeaux dans un de nos temples; il voulut l'éteindre au contraire par ses vœux généreux.

Ce n'est point à sa victoire qu'il érigea ces pieux monuments mais au ciel, qui lui fit obtenir le triomphe sur ses ennemis, la soumission de ses sujets rebelles, le châtiment des criminels et enfin un règne long et heureux, tant pour la réalisation des vœux de ses sujets que pour le bonheur de toute la France.

BIBLIOGRAPHIE (SUPPLÉMENT)[1]

— *Le Père Joseph et le siège de La Rochelle*, étude d'après des documents inédits, par l'abbé Louis Dedouvres, docteur ès lettres. Angers, Lachèse et Cⁱᵉ, 1903, in-8, br.

— *Le dessin de l'armée angloise* descouvert ou le franc Gaulois parlant au Favory Désespéré avec la déclaration que le roi leur a faicte. A Paris, 1627, in-12 rel. (pièce anonyme du Père Joseph.)

— *Le Fidèle François* au roy d'Angleterre touchant l'injustice de ses armes contre la France. A Paris, chez Jacques Brisson, au Mont Saint-Hilaire, petit in-8º 16 p. (Pièce anonyme du Père Joseph.) 1627.

— *Le Courrier anglois aux rebelles de La Rochelle et à leurs adhèrents* (Pièce anonyme du Père Joseph) 1627.

— *Ménippée de Francion,* ou réponse au manifeste angloys. Paris, 1627 chez Jean Bessin rue de Reims, petit in-8º 16 p. (Pièce anonyme du Père Joseph.)

— *Le Surveillant de Charenton* au duc de Bouckinghan pour examen de son manifeste ou procès-verbal du 21 juillet dernier, 1627, petit in-8º, 24 p. (Pièce anonyme du Père Joseph.)

— *L'Anglois ennemy de la France* discours sur le sujet du temps présent adressé aux bons et fermes françois par Francois Fermineau (Pièce allonyme du Père Joseph.) 1627.

— *La bravade faite par nos Argonautes françois* à la teste de Boukninguam et de ses troupes (Pièce anonyme du Père Joseph.) 1627.

— *Resjouissance de la France :* la défaite et fuite des Anglais et comme ils ont été contraints de lever le siège de devant l'isle de Ré, 6 p. (Pièce anonyme du Père Joseph.) 1627.

---

[1] Depuis le début de la publication de cette traduction latine du siège du fort Saint-Martin, nous avons reçu de son auteur, l'abbé Dedouvres, docteur ès lettres, professeur à l'Université d'Angers, un exemplaire d'un savant travail récemment paru, révélant à l'histoire que l'auteur d'un grand nombre de pièces anonymes ou allonymes, parues en 1627, relativement à ce siège, était le Père Joseph, jésuite célèbre, le bras droit de Richelieu, l'éminence grise comme on l'appelait alors.

Il nous a donc paru indispensable de compléter notre bibliographie par l'indication de l'ouvrage révélateur en question et par l'énumération des nombreux libelles historiques et politiques publiés par le Père Joseph du Tremblay, au sujet du siège du fort Saint-Martin de Ré. — (Note du traducteur).

— *Consolation faite par le duc de Bouguingan aux Anglois sur sa dernière déroute en l'isle de l'Oye* (Pièce anonyme du Père Joseph.) 1627.

— *La Pucelle d'Orléans apparue au duc de Bouguingan pour le tanser de sa folle entreprise et attentat contre le Roy*, par Geoffroy Guay (Pièce allonyme du Père Joseph.) 1627.

— *L'Anti-Huguenot au duc de Rohan*, pour réponse à son manifeste ou déclaration (Pièce anonyme du Père Joseph.) Paris J. Brisson. 1.627, in-8°.

— *Prosopopée de l'isle de Ré au duc de Bouguinguan*, etc. Paris. Jean Bessin, rue de Reims, 1627, petit in-8°, 14 p., rare (Pièce anonyme du Père Joseph.)

— *L'Anti-Anglois* ou responses aux pretextes dont les Anglais veulent couvrir l'injustice de leurs armes avec une remonstrance à Messieurs de la religion prétendue réformée de La Rochelle. Par M. Louis Trinquant procureur du roy aux sièges royaux de Loudun. A Poitiers par Julian Thoreau, imprimeur ordinaire du roy et de l'université. Petit in-8°, 40 p. 1628 (Pièce allonyme du Père Joseph.)

— *La victoire du Roy sur la flotte angloise*, arrivée au secours des Rochelois rebelles à Sa Majesté (Pièce anonyme du Père Joseph.) .627.

— *Le Roy victorieux*, dédié à la Reine-Mère (Pièce anonyme du Père Joseph. 1627.) [1]

---

[1] Quelques-unes de ces pièces ont déjà été çitées au cours de cet ouvrage, mais sans nom d'auteur, celui-ci étant alors inconnu.

Le grand nombre de relations historiques écrites sur le siège du fort Saint-Martin et la victoire de l'île de Ré, publiées à Londres, à Paris, dans toute la France et jusqu'à Rome, montre combien cet épisode de notre histoire eut de retentissement en Europe.

Dans la bibliographie ci-dessus, nous n'avons pas la prétention d'avoir signalé la totalité des écrits particuliers; nous n'avons parlé non plus d'aucun des mémoires du temps, d'aucune des histoires de Louis XIII, d'aucun des écrits poétiques (sauf la *Rhéade*) or ceux-ci sont légion.

Nous n'avons mentionné aucun manuscrit; enfin nous passons sous silence la grande quantité d'estampes historiques et artistiques du temps où sont reproduites, à côté des portraits des auteurs, toutes les péripéties de ce grand drame qui, pendant plus de trois mois, tint les yeux de la chrétienté tournés vers l'île de Ré. — (Note du traducteur.)

SIÈGE

DU

Fort Saint-Martin

ET

FUITE DES ANGLAIS DE L'ILE DE RÉ

RELATION HISTORIQUE
Publiée en latin au XVIIe siècle par Jacques ISNARD
Traduction française de 1879
PAR
LE Dr ATGIER
Officier d'Académie
Chevalier de la Légion d'honneur

DEUXIÈME ÉDITION REVUE ET CORRIGÉE

DEUXIÈME FASCICULE

· G · G ·

ANGERS
GERMAIN ET G. GRASSIN, IMPRIMEURS-LIBRAIRES
40, rue du Cornet et rue Saint-Laud

1903

SIÈGE

DU

Fort Saint-Martin

ET

FUITE DES ANGLAIS DE L'ILE DE RÉ

RELATION HISTORIQUE
Publiée en latin au XVIIᵉ siècle par Jacques Isnard
Traduction française de 1879

PAR

LE Dʳ ATGIER

Officier d'Académie
Chevalier de la Légion d'honneur

DEUXIÈME ÉDITION REVUE ET CORRIGÉE

TROISIÈME FASCICULE

ANGERS

GERMAIN ET G. GRASSIN, IMPRIMEURS-LIBRAIRES
40, rue du Cornet et rue Saint-Laud

1904

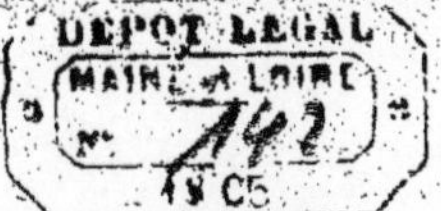

SIÈGE

DU

Fort Saint-Martin

ET

FUITE DES ANGLAIS DE L'ILE DE RÉ

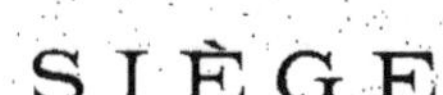

RELATION HISTORIQUE

Publiée en latin au XVIIe siècle par Jacques ISNARD

Traduction française de 1879

PAR

LE Dr ATGIER

Officier d'Académie
Chevalier de la Légion d'honneur

DEUXIÈME ÉDITION REVUE ET CORRIGÉE

ANGERS
GERMAIN ET G. GRASSIN, IMPRIMEURS-LIBRAIRES
40, rue du Cornet et rue Saint-Laud

1905

9 782019 231453